おいしい牛乳料理帳

浜内千波

はじめに
(introduction)

　牛乳は多くのご家庭の冷蔵庫に常備されている食品のひとつだと思いますが、「そのまま飲む！」という方が多いのではないでしょうか。でもね、飲むだけじゃもったいない。カルシウムを筆頭に良質なたんぱく質、ビタミン、ミネラルなどさまざまな栄養素が含まれているので、日々の料理に使っていただきたいんですね。

　我が家では牛乳をだしの代わりに使い、しょうゆやみそなど和食の調味料と合わせて煮ものや炒めものを作ります。相性がよく、やさしい味わいになり、今までにないおいしい味の発見です。

　また、牛乳のうま味のおかげで、手間をかけずに味に深みが出るのもいいところ。忙しいときには特に助かっています。

　本書ではクリームシチュー、グラタン、ポタージュなど牛乳ととっても相性のいいレシピから、おひたしや南蛮漬け、おかゆなど新感覚のヘルシーな牛乳のレシピを紹介しています。

　料理は毎日のことですから作る方はいろいろと悩ましいもの。牛乳を使った料理に挑戦してみませんか？　きっといつものメニューにも新発見があり、新しいレシピが加わると思います。

浜内千波

おいしい牛乳料理帳

目次

- 008 牛乳料理の魅力

第1章 クリームシチュー

- 012 王道クリームシチュー
- 014 野菜とソーセージのポトフ
- 015 カルボナーラシチュー
- 018 海鮮クリームシチュー
- 019 ミルクたっぷりビーフシチュー
- 022 簡単！時短カレー
- 023 シンプルなじゃがいものミルク煮込み

第2章 スープ

- 028 クラムチャウダー
- 029 やさしいオニオングラタンスープ
- 032 王道コーンポタージュ
- 033 ブロッコリーのポタージュ
- 033 にんじんのポタージュ
- 033 ごぼうのポタージュ
- 033 玉ねぎのポタージュ
- 036 キャベツのすり流し汁
- 036 ビシソワーズ

第3章 グラタン&ドリア

- 040 王道マカロニグラタン
- 041 焼きなすのグラタン
- 041 長いものグラタン
- 044 マッシュかぼちゃのグラタン
- 045 高野豆腐のグラタン
- 045 しめじのドリア

‖ ドレッシング ‖　048　中華ドレッシング／イタリアンドレッシング／
　　　　　　　　　　　和風ドレッシング

‖ ディップ ‖　　　049　アボカドのディップ／さつまいものディップ／
　　　　　　　　　　　かぼちゃのディップ

― 第 4 章 ― 中華料理

- 052　棒棒鶏
- 053　肉だんごのミルクあん
- 053　アスパラの卵白あんかけ
- 056　麻婆なす
- 057　ゆで豚肉の香味ソース
- 057　かに玉牛乳あん
- 060　えびのチリソース
- 061　きのこのオイスターソース
- 061　真っ白い八宝菜
- 064　麻婆春雨

― 第 5 章 ― イタリアン

- 068　ミートミルクスパゲティ
- 070　シンプルミルクパスタ
- 071　やわらかニョッキ
- 074　ペンネアラビアータ
- 074　ボンゴレビアンコ
- 075　カレー風味のブイヤベース
- 075　リゾット
- 078　チキンと豆の牛乳煮込み
- 078　ポークカツレツ
- 079　豚肉のソテー　ミルクハーブソース

第6章 和食

- 084 ほうれん草のおひたし
- 084 洋風揚げだし豆腐
- 085 鉄骨レバーの煮もの
- 085 すっぱくない南蛮漬け
- 088 さば缶のミルクそぼろ
- 088 洋風竜田揚げ
- 089 切干し大根の煮もの
- 089 ミルクがゆ

‖おつまみ‖

- 092 梅干しカッテージチーズ
- 092 ホエーを使った炊き込みごはん
- 094 焼き野菜の白みそミルクソース
- 094 塩麹のカッテージチーズ
- 095 あさりのピリ辛ミルク蒸し
- 095 玉ねぎのミルクもみ

第7章 変わりレシピ

- 100 かぼちゃとズッキーニのタイ風煮もの
- 101 ホワイトロールキャベツ
- 101 豚肉と白菜の重ね煮込み
- 104 野菜フライ牛乳ソースがけ
- 104 焼きサーモンのミルクソース
- 105 ローストラム
- 108 クレープロールサンド
- 109 フレンチトースト風サンド
- 109 洋風お茶漬け

第8章 デザート

- 114 牛乳だけのケーキ
- 116 トロトロブランマンジェ
- 117 牛乳だんごのカスタードがけ
- 117 にんじん寒天&牛乳寒天
- 120 フルーツクラフティー
- 120 あんまんお焼き
- 121 牛乳クッキー
- 121 焼きバナナのティラミス風

まだまだある！ おいしい牛乳料理

- 125 雪解け鍋
- 125 ミルクガレット
- 125 豆腐の揚げミルクだし
- 125 コクうまタンタン麺

クックパッド掲載レシピ

- 026 ① ふわとろオムライス
- 038 ② 5分で作れるおやつ ミルクフラン
- 066 ③ 黄金比率のフレンチトースト
- 082 ④ 1ℓの牛乳で作る！本当にとろとろ牛乳ゼリー
- 098 ⑤ チキンときのこの軽い煮込み
- 112 ⑥ パーフェクトスープ
- 124 ⑦ おいしさしみこむミルクスパゲッティ

■ 本書の表記について
・基本的に材料は2人分で表記しています。場合によって、材料は作りやすい分量で表記しています。
・計量の単位は1カップは200ml、大さじ1は15ml、小さじ1は5mlです。
・電子レンジの加熱時間は600Wで作る場合の目安です。500Wの場合は少し長めに加熱してください。

■「つくれぽ」について
クックパッドの「みんなのつくりましたフォトレポート」の略。クックパッドに掲載されているレシピを作った時、写真つきでレシピ作者さんに感想を報告することができます。
本書に掲載されているつくれぽの人数は、2017年4月21日現在のものです。

牛乳料理の魅力

牛乳はそのまま飲んでも、
シリアルなどにかけても
カルシウムやたんぱく質など
体に必要な栄養素を
手軽に摂れるのがいいところですが、
その牛乳を料理に取り入れれば、
さらにいいことがいっぱいです！

だしがいらない!

牛乳は飲むだけじゃありません。だし代わりや調味料としても使えます。牛乳にはさまざまな栄養素のほかにうま味成分も含まれていて、プラスすることでいつもの料理がグンとおいしくなります。また、味の濃い調味料を牛乳で割ってのばすなど、使い方もいろいろです。

みそ、しょうゆに合う

バターやオリーブ油など、洋風の調味料との相性のよさはご存知の通りですが、みそやしょうゆなど和食の調味料にもよく合います。たとえば、さばのみそ煮。牛乳で煮ることでさばのうま味は残し、臭みを消してくれます。身もふっくらやわらか。中までしっかり味がつきます。

カルシウムが補える

　1日にカルシウムをどれだけ摂ればいいかというと、成人男性の推奨量は650～800mg、成人女性は650mgぐらい（厚生労働省　日本人の食事摂取基準　2015年版）。しかし、平均摂取量は約500mg。牛乳200mlの中には約230mgのカルシウが含まれています。これで成人の1日のカルシウム推奨量の約3分の1が摂取できます。

たんぱく質も摂れる

　牛乳はカルシウム以外にもたんぱく質、脂質、炭水化物、ビタミンなど多くの栄養素が含まれています。たんぱく質は炭水化物、脂質と並ぶ3大栄養素のひとつ。牛乳のたんぱく質は体内で作ることができない必須アミノ酸を含むアミノ酸で構成された良質なたんぱく質。料理に牛乳を取り入れれば、確実にたんぱく質が摂れます。

── 第**1**章 ──
クリームシチュー
(cream stew)

コクとなめらかさがクリームシチューの身上。
牛乳をたっぷり使うと、手間をかけずにそれができます。
じゃがいもや鶏肉を入れた定番のものから
魚介類を使ったごちそうクリームシチューまで紹介。

王道クリームシチュー

牛乳でコクとうま味を出しました。じゃがいもは煮崩れにくいメークインで

王道クリームシチュー

材料　2人分
玉ねぎ…½個（100ｇ）
にんじん…½本（75～80ｇ）
じゃがいも（メークイン）
　　…2個（正味200ｇ）
鶏もも肉…小1枚（200ｇ）
ブロッコリー（ゆでたもの）
　　…50ｇ
塩・こしょう…各少々
水…1カップ
ローリエ…1枚
バター…大さじ2
小麦粉…大さじ2
牛乳…400㎖
塩…小さじ1
こしょう…少々

作り方
1　玉ねぎはくし形に切り、にんじんは7㎜幅の輪切りにする。じゃがいもは皮をむき、1.5～2㎝幅の輪切りにし、さっと洗う。鶏肉は一口大に切り、塩、こしょう各少々をふる。
2　鍋に水と鶏肉以外の**1**、ローリエを入れ、ふたをし、中火で野菜がやわらかくなるまで蒸し煮にし、鶏肉を入れて火を通す。
3　小鍋にバターを中火で溶かし、小麦粉を入れ、粉気がなくなるまでしっかり炒めて火からおろす。
4　**3**に牛乳を少しずつ入れ、混ぜ合わせながらのばし、**2**に入れて温める。塩、こしょうで調味する。
5　器に盛り、ブロッコリーをのせる。

野菜とソーセージのポトフ

大きめの具材が食べごたえ満点。ときにはミルク味のポトフもいかがですか?

カルボナーラシチュー

生クリームなしでも牛乳とバターで新しくておいしいカルボナーラシチューが作れます

野菜とソーセージのポトフ

材料　2人分
- にんじん…1本(100g)
- じゃがいも(メークイン)…2個(正味200g)
- 玉ねぎ…小2個
- ソーセージ…大2本
- 水…1カップ
- ローリエ…1枚
- A | 塩…小さじ½
  | こしょう…少々
- 牛乳…400mℓ
- 塩…少々
- 粒マスタード…適量

作り方
1. にんじんは斜め半分に切り、じゃがいもは皮をむく。
2. 鍋に水と**1**、玉ねぎ、ローリエを入れ、**A**で調味し、ふたをして中火で野菜がやわらかくなるまで蒸し煮にする。
3. ソーセージを加えて5分ほど煮てから、牛乳を入れてゆっくりと温め、塩で味を調える。
4. 器に盛り、粒マスタードを添える。

おいしく仕上げるコツ

ソーセージは煮すぎると破裂してしまい見た目が悪くなります。仕上がりの10分ぐらい前に鍋に入れ、煮てくださいね。

カルボナーラシチュー

材料　2人分
ベーコン（かたまり）…80ｇ
玉ねぎ…1個（200ｇ）
しめじ…1パック（100ｇ）
バター…大さじ2
小麦粉…大さじ2
牛乳…400mℓ
溶き卵…2個分
塩…小さじ1弱
こしょう…少々
粉チーズ…大さじ4
黒こしょう…多め

作り方
1 ベーコンは拍子木切りにし、玉ねぎは1cm幅に切り、しめじは石づきを取り、ほぐす。
2 鍋にバターを中火で溶かし、ベーコン、玉ねぎ、しめじの順に入れ、炒める。小麦粉を入れ、全体になじむまで炒める。
3 牛乳を入れ、ひと煮立ちさせ、溶き卵を半量ぐらい入れてよく混ぜる。塩、こしょうで調味する。
4 器に盛り、残りの溶き卵を回し入れ、粉チーズと黒こしょうをふる。

> **おいしく仕上げるコツ**
>
> 溶き卵のとろみ加減がおいしさの分かれめ。一度に全部入れずに、最後に少量回し入れると、卵全体が溶け合っておいしく、美しい仕上がりになります。

海鮮クリームシチュー

海の幸たっぷりでちょっとぜいたくに。マイルドでコクがあるごちそうシチューです

ミルクたっぷりビーフシチュー

細切れ肉も丸めるとボリューム感が出ます。牛乳と簡単ブラウンソースでうま味とコクを

海鮮クリームシチュー

材料　2人分
玉ねぎ…½個(100g)
するめいか…1杯
えび(ブラックタイガー)
　…4尾
鯛…1切れ(160g)
あさり(砂抜きしたもの)
　…100g
塩・こしょう…各少々
小麦粉…大さじ2
オリーブ油…大さじ1
牛乳…400mℓ
ローリエ…1枚
A ｜ 塩…小さじ⅓
　　 ｜ こしょう…少々
溶けるチーズ…20g

作り方
1. 玉ねぎはみじん切りにする。いかは内臓を取り除き、胴は輪切りにし、エンペラは適当な大きさに切る。足は吸盤についているかたい部分をこそげ落とし、適当な長さに切る。鯛は一口大に切る。あさりは殻と殻をこすり合わせて洗う。いか、えび、鯛に塩、こしょうをふり、小麦粉をまぶす。
2. 鍋にオリーブ油をひき、玉ねぎを入れ、中火でしんなりするまで炒め、牛乳を入れてひと煮立ちさせる。
3. いか、えび、鯛、あさり、ローリエを入れ、あさりの殻が開くまで火にかける。**A**で調味し、チーズを入れ、溶かす。

ミルクたっぷりビーフシチュー

材料　2人分
牛細切れ肉…200g
玉ねぎ…½個(100g)
にんじん…½本(75～80g)
セロリ…¼本
にんにく…1かけ
いんげん(ゆでたもの)…50g
塩・こしょう…各少々
小麦粉…大さじ1
バター…大さじ1
トマトケチャップ…大さじ1
水…½カップ
A｜しょうゆ…大さじ1
　｜塩・こしょう…各少々
B｜小麦粉…大さじ1
　｜バター(室温に戻した
　｜　もの)…大さじ1
牛乳…400mℓ

作り方
1. 玉ねぎ、にんじん、セロリ、にんにくはみじん切りにする。牛肉は塩、こしょうをふり、よくこねて球状に丸め、小麦粉をしっかりまぶす。
2. フライパンにバターを中火で溶かし、**1**の野菜を入れ、香りが出るまで炒める。
3. 牛肉を入れ、転がしながら全面に焼き色をつけ、トマトケチャップを加えて炒める。
4. 水を入れ、ひと煮立ちさせ、アクを取る。ふたをし、約10分煮て**A**で調味する。
5. 別のフライパンに**B**を入れ、弱火で粉気がなくなり、茶褐色になるまで炒める。火を一度止めて牛乳を少しずつ入れながら、混ぜ合わせ、**4**に入れる。混ぜ合わせながら、温める。
6. 器に盛り、半分に切ったいんげんをのせる。

簡単！ 時短カレー

野菜はミキサーにかけて細かくすると短時間でうま味が出て、牛乳でさらにマイルドに

シンプルなじゃがいものミルク煮込み

煮崩れしやすい男爵いもをあえて使い、じゃがいもでやさしいとろみを出しました

簡単！ 時短カレー

材料　2人分
温かい雑穀ごはん…320ｇ
合いびき肉…150ｇ
じゃがいも…中1個(130ｇ)
にんじん…½個(75～80ｇ)
玉ねぎ…½個(100ｇ)
ゆで卵…1個
水…½カップ
オリーブ油…大さじ1
A｜牛乳…400mℓ
　｜カレー粉…大さじ1
　｜塩…小さじ1 ½
　｜酢…小さじ1
　｜はちみつ…大さじ1

作り方
1. じゃがいもはよく洗い、皮付きのまま適当な大きさに切る。にんじん、玉ねぎも適当な大きさに切る。
2. ミキサーに水と**1**を入れ、なめらかになるまで撹拌(かくはん)する。
3. 鍋を中火で熱し、オリーブ油をひき、ひき肉を入れてパラパラになるまで炒める。**2**を入れ、ひと煮立ちさせ、**A**を加えて再度ひと煮立ちさせる。
4. 器に雑穀ごはんと**3**を盛り、半分に切ったゆで卵をのせる。

おいしく仕上げるコツ

ミキサーにかけた野菜をしっかり炒めてうま味を出します。牛乳をプラスすれば、煮込まなくてもコクのあるカレーに。

シンプルなじゃがいものミルク煮込み

材料　2人分
じゃがいも（男爵）
　…4個（正味360ｇ）
玉ねぎ…¼個（50ｇ）
水…½カップ
ローリエ…1枚
牛乳…400ml
A｜塩…小さじ1
　｜こしょう…少々
　｜粉チーズ…小さじ2

作り方
1. じゃがいもは皮をむき、一口大に切り、さっと洗う。玉ねぎはみじん切りにする。
2. 鍋に水と**1**、ローリエを入れ、ふたをし、弱火でじゃがいもがやわらかくなり、少し煮崩れるまで蒸し煮にする。
3. 牛乳を入れ、さっと煮て**A**で調味する。
※いただくときにさらに粉チーズをふっても。

おいしく仕上げるコツ

じゃがいもが少し崩れるまで煮て、自然にとろみをつけてくださいね。味に深みが出ておいしくなりますよ。

クックパッド掲載レシピ
1

つくれぽ 2451人

ふわとろオムライス

牛乳をたっぷり使ってふわとろの口当たり。新感覚のオムライス

材料　2人分

【ケチャップライス】
にんじん…⅓本(50ｇ)
玉ねぎ…¼個(50ｇ)
ピーマン…2個(50ｇ)
ハム…3枚
ごはん…300ｇ
オリーブ油…大さじ1
トマトケチャップ…大さじ4
塩・こしょう…各適量
【ふわふわ卵】
卵…2個
片栗粉…大さじ1 ½
塩…小さじ½強(3ｇ)
こしょう…適量
牛乳…300㎖
黒こしょう…適宜

作り方

1　にんじんは1cm角の拍子木切りにし、玉ねぎ、ピーマン、ハムは1cm角に切る。
2　フライパンにオリーブ油をひき、1を順番に入れ、野菜がしんなりするまで炒める。
3　2にトマトケチャップを加えて炒め、ごはんを加えたら、全体をざっくり混ぜながら炒め、塩、こしょうをふる。
4　3を小さめのボウルなどに入れて軽くおさえ、逆さまにして取り出し、器に盛る。
5　ボウルに卵を割り、片栗粉と塩、こしょう、牛乳を入れ、よく混ぜる。
6　フライパンに5を入れ、中火でとろっとしてくるまで混ぜる。
7　6を4の上にかけ、お好みで黒こしょうをふる。

※本の出版に当たり、レシピ内容を一部修正しております。

― 第 **2** 章 ―
スープ
(*soup*)

クラムチャウダーやポタージュに欠かせない牛乳は
素材のおいしさと上手に溶け合い、うま味とコクをプラス。
ていねいに作ったやさしい味わいとクリーミーな
口当たりが自慢のスープです。

クラムチャウダー

あさりと野菜のうま味、牛乳のコクたっぷり！ 缶詰のあさりを使ってもOKです

やさしいオニオングラタンスープ

あめ色になるまで根気よく炒めた玉ねぎと、牛乳でやさしい甘味を

クラムチャウダー

材料　2人分
- あさり(砂抜きしたもの)…200g
- ベーコン…1枚
- 玉ねぎ…½個(100g)
- じゃがいも…中1個(100g)
- にんじん…⅕本(30g)
- ピーマン…1個
- トマト…大½個(100g)
- 水…½カップ
- 牛乳…300ml
- バター(室温に戻したもの)…大さじ1
- 小麦粉…大さじ1
- 塩…小さじ½
- こしょう…少々
- クルトン(市販品)…適宜

作り方
1. あさりは殻と殻をこすり合わせて洗う。ベーコン、玉ねぎ、じゃがいも、にんじん、ピーマン、トマトは1cm角に切る。
2. 鍋にベーコン、玉ねぎ、じゃがいも、にんじんを入れ、中火で炒め、水を入れてひと煮立ちさせる。
3. 牛乳を入れ、再度ひと煮立ちさせ、あさりを加える。あさりの殻が開いたら、バターと小麦粉をよく混ぜ合わせたものを加え、なめらかになれば塩、こしょうで調味し、ピーマン、トマトを入れ、さっと火を通す。
4. 器に注ぎ、あればクルトンをのせる。

おいしく仕上げるコツ
とろみをつけたい時は、バターと小麦粉を混ぜて入れると簡単にルウのでき上がりです。

やさしいオニオングラタンスープ

材料　2人分
玉ねぎ…2個（400g）
フランスパン（薄切り）…4枚
バター…大さじ1
牛乳…500mℓ
塩…小さじ½
こしょう…少々
溶けるチーズ…20g
黒こしょう…少々

作り方
1　玉ねぎは繊維に逆らって薄切りにする。
2　フライパンにバターを中火で溶かし、玉ねぎを入れ、あめ色になるまで炒める。
3　牛乳を入れ、ひと煮立ちさせ、塩、こしょうで調味する。
4　耐熱容器に**3**を入れ、焼いたフランスパンをのせ、溶けるチーズをのせてオーブントースターでチーズが溶けるまで焼く。黒こしょうをふる。

おいしく仕上げるコツ

牛乳のコクでさらにおいしくなります。玉ねぎは多めに炒めておくと、ほかの料理にも使えて便利です。

王道コーンポタージュ

ポタージュといえば定番はコーンですね。牛乳とコーンで安心・安定の味です

ブロッコリーのポタージュ

ビタミンCやβ-カロテンがたっぷり！
「野菜が不足しているな」と思ったときにも

にんじんのポタージュ

にんじんの自然な甘味が出ています。
野菜が苦手なお子さんにもおすすめ

ごぼうのポタージュ

香りがよく滋味豊かな味わいです。
腸の調子を整えてくれる美腸スープの代表

玉ねぎのポタージュ

玉ねぎと牛乳の甘味がしっかり感じられ、
うま味の強いポタージュですよ

王道コーンポタージュ

材料　2人分
とうもろこし(冷凍品)…150g
牛乳…150mℓ
塩…小さじ⅓
こしょう…少々
とうもろこし(トッピング用)…適量

作り方
1　ミキサーにとうもろこしと牛乳を入れ、なめらかになるまで攪拌(かくはん)する。
2　鍋に移し入れ、中火で温め、塩、こしょうで調味する。
3　器に注ぎ、とうもろこしをのせる。

ブロッコリーのポタージュ

材料　2人分
ブロッコリー…100g
玉ねぎ…¼個(50g)
バター…大さじ½
牛乳…200mℓ
塩…小さじ⅓
こしょう…少々
ブロッコリー(トッピング用)…適量

作り方
1　ブロッコリーは小房に分け、ざく切りにし、玉ねぎは薄切りにする。
2　鍋にバターを中火で溶かし、1を入れ、しんなりするまで炒める。
※この後は、王道コーンポタージュの作り方1〜3と同じ。仕上げにブロッコリーをのせる。

にんじんのポタージュ

材料　2人分
にんじん…1本(150g)
ベーコン…½枚
牛乳…200mℓ
塩…小さじ⅓
こしょう…少々
黒こしょう…少々

作り方
1　にんじんは薄切りにし、ベーコンはざく切りにする。
2　鍋に1と水大さじ2(分量外)を入れ、ふたをしてしんなりするまで蒸し煮にする。
※この後は、王道コーンポタージュの作り方1〜3と同じ。仕上げに黒こしょうをふる。

ごぼうのポタージュ

材料　2人分
ごぼう…100g
玉ねぎ…¼個(50g)
じゃがいも…小1個(50g)
バター…大さじ½
牛乳…200mℓ
塩…小さじ½弱
こしょう…少々
ごぼう(粗みじん切りにしてゆでたもの・トッピング用)…適量

作り方
1　ごぼうは薄切りにし、さっと洗う。玉ねぎは薄切りにし、じゃがいもは皮をむき、薄切りにする。
2　鍋にバターを中火で溶かし、**1**を入れ、しんなりするまで炒める。
　※この後は、王道コーンポタージュの作り方**1〜3**と同じ。仕上げにごぼうをのせる。

玉ねぎのポタージュ

材料　2人分
玉ねぎ…1個(200g)
ベーコン…½枚
バター…大さじ1
小麦粉…大さじ1
牛乳…200mℓ
塩…小さじ⅓強
こしょう…少々
フライドオニオン(トッピング用)…適量

作り方
1　玉ねぎは薄切りにし、ベーコンは適当な大きさに切る。
2　鍋にバターを中火で溶かし、**1**を入れ、しんなりするまで炒め、小麦粉を加えて粉気がなくなるまで炒める。
　※この後は、王道コーンポタージュの作り方**1〜3**と同じ。仕上げにフライドオニオンをのせる。

キャベツのすり流し汁

だしの代わりに牛乳のうま味を利用した洋風のすり流し汁です

ビシソワーズ

濃厚でなめらか、そしてやさしい味わい。おもてなしのスープに

キャベツのすり流し汁

材料　2人分
キャベツ(外葉)…200g
かつお節…少々
牛乳…200mℓ
塩…小さじ1/3
しょうゆ…小さじ1/2
ごま(白・トッピング用)
　…少々
かつお節(トッピング用)
　…少々

作り方
1　キャベツは手で適当な大きさにちぎる。
2　鍋に入れ、水大さじ2（分量外）を入れてふたをし、中火でしんなりするまで蒸し煮にする。
3　ミキサーに移し入れ、かつお節、牛乳を入れてなめらかになるまで攪拌する。
4　鍋に移し入れ、中火で温め、塩、しょうゆで調味する。
5　器に注ぎ、ごまとかつお節をのせる。

ビシソワーズ

材料　2人分
じゃがいも…中1個(130g)
玉ねぎ…1/4個(50g)
牛乳…200mℓ
塩…小さじ1/3強
こしょう…少々
アーモンド(スライス・トッピング用)…適宜

作り方
1　じゃがいもは皮をむき、薄切りにし、さっと洗う。玉ねぎも薄切りにする。
2　鍋に1と水1/4カップ（分量外）を入れ、ふたをし、中火でしんなりするまで蒸し煮にする。
3　ミキサーに移し入れ、牛乳を入れてなめらかになるまで攪拌する。
4　鍋に移し入れ、中火で温め、塩、こしょうで調味する。
5　粗熱を取り、冷蔵庫で冷やす。
6　器に注ぎ、あればアーモンドをのせる。

クックパッド掲載レシピ 2

つくれぽ 2302人

5分で作れるおやつ
ミルクフラン

牛乳の甘味を生かして砂糖も控えめで体にやさしい。
お子さんと一緒に手軽に作れるおやつです

材料　2人分
- 牛乳…150㎖
- 卵…1個
- バナナ…1本
- 砂糖…大さじ1 ½
- 小麦粉…大さじ1 ½
- 粉糖…適宜

作り方
1. ボウルに卵を割り、砂糖、小麦粉を入れ、しっかり混ぜる。
2. 牛乳を少しずつ入れ、混ぜる。
3. 浅めの耐熱容器をに1cm幅に切ったバナナを並べ、2を流し入れ、電子レンジで全体が膨らむまで加熱する（約4分前後、途中で位置を変えると均一に仕上がる）。あれば粉糖をふる。

※本の出版に当たり、レシピ内容を一部修正しております。

第3章
グラタン&ドリア
(gratin & doria)

マカロニ以外にもなすや長いも、かぼちゃなどを
使ったグラタンとドリアを紹介。
ホワイトソースには牛乳のコクがしっかりきいています。
子どもも大人も満足間違いなしの一皿です。

王道マカロニグラタン

具だくさんで食べごたえ満点！ ジュウジュウ、アツアツのうちにどうぞ

焼きなすのグラタン

ベーコンとなす、相性のいいコンビ。定番グラタンのひとつですね

長いものグラタン

ホクホク&トローリ、長いものふたつの食感をしっかり味わって

王道マカロニグラタン

材料　2人分
マカロニ…100g
玉ねぎ…½個(100g)
マッシュルーム…4個
えび(ブラックタイガー)
　…6尾
バター…大さじ2
小麦粉…大さじ3
牛乳…500ml
塩…小さじ¾
こしょう…少々
溶けるチーズ…60g
パセリ(みじん切り)…適量

おいしく仕上げるコツ

材料を炒めたところに小麦粉と牛乳を入れると、ルウと具が同時にできて簡単、時短になります。

作り方

1. 鍋に湯を沸かし、湯の分量の1％の塩（分量外）を入れ、マカロニを入れて袋の表示時間通りにゆで、水気をきる。玉ねぎとマッシュルームは薄切りにする。えびは殻をむき、あれば背わたを取る。
2. フライパンにバターを中火で溶かし、玉ねぎとマッシュルームを入れ、しんなりするまで炒める。小麦粉を入れ、粉気がなくなるまで炒め合わせ、牛乳を加える。
3. ひと煮立ちさせ、塩、こしょうで調味し、マカロニを入れてざっくり混ぜる。
4. グラタン皿に入れ、えびと溶けるチーズをのせる。
5. オーブントースターで7～8分焼き、パセリを散らす。

長いものグラタン

材料　2人分
長いも…300g
オリーブ油…大さじ1
A | 塩…小さじ⅓
　　　| こしょう…少々
卵…1個
B | 牛乳…200ml
　　　| すりごま…大さじ4
　　　| 塩…小さじ½
　　　| こしょう…少々
溶けるチーズ…20g
ごま(黒)…少々

焼きなすのグラタン

材料　2人分
なす…3本（200g）
ベーコン…2枚
塩…小さじ⅓
オリーブ油…大さじ1
バター…大さじ2
小麦粉…大さじ3
牛乳…400ml
A ｜ 塩…小さじ½
　 ｜ こしょう…少々
溶けるチーズ…30g
粉チーズ…大さじ2
黒こしょう…適量

作り方
1. なすはヘタを切り落とし、縦4等分に切り、塩小さじ⅓をふって、水気が出るまでおき、キッチンタオルでふき取る。ベーコンは3cm幅に切る。
2. フライパンにオリーブ油を中火で熱し、なすを入れ、両面色がつくまで焼く。なすを裏返したら、フライパンのあいたところにベーコンを入れ、炒める。
3. 小鍋にバターを中火で溶かし、小麦粉を入れて炒める。しっかりのびたら、火からおろし、少しずつ牛乳を入れながら、さらにのばし、再び火にかける。かき混ぜながらひと煮立ちさせ、Aで調味する。
4. グラタン皿に3をお玉1杯分ぐらい入れ、なす、ベーコン、溶けるチーズの順にのせ、粉チーズをふる。
5. オーブントースターで7〜8分焼き、黒こしょうをふる。

作り方
1. 長いもはきれいに洗う。200gは皮付きのまま1cm幅に切る。
2. フライパンにオリーブ油をひき、中火で両面こんがりするまで焼き、Aで調味する。
3. 残りの長いもは皮をむいてすりおろし、ボウルに入れ、卵を割り入れてBを加え、混ぜ合わせる。
4. グラタン皿に2を入れ、3、溶けるチーズの順にのせる。
5. オーブントースターで7〜8分焼き、黒ごまを散らす。

マッシュかぼちゃのグラタン

かぼちゃの甘味とひき肉のうま味がいい感じ。ホワイトソースを作らなくてもおいしい！

高野豆腐のグラタン

和の食材と調味料がメインですが、食べるとしっかりグラタン！

しめじのドリア

クリーミーでうま味たっぷり。しめじの食感もよく、満腹間違いなし

マッシュかぼちゃのグラタン

材料　2人分
かぼちゃ…400g
玉ねぎ（みじん切り）…¼個分
合いびき肉…100g
A ｜ 塩…小さじ½
　｜ こしょう…少々
牛乳…100mℓ
B ｜ 塩…小さじ¼
　｜ こしょう…少々
牛乳…150mℓ
粉チーズ…大さじ2

作り方
1　かぼちゃは一口大に切り、ラップをし、電子レンジで約4分加熱する（途中様子を見る）。熱いうちにつぶし、**A**をふり、牛乳100mℓを加えて混ぜ合わせる。
2　フライパンにひき肉と玉ねぎを入れ、中火でひき肉がパラパラになるまで炒め、**B**で調味する。
3　グラタン皿に**1**と**2**を入れ、牛乳150mℓを回しかけ、粉チーズをふる。
4　オーブントースターで7～8分焼く。

おいしく仕上げるコツ

ルウは作らず、牛乳をかけるだけ。でんぷんの多い食材と牛乳を使うと、焼いている間にこれらが融合して、とろみが簡単につきます。

しめじのドリア

材料　2人分
温かいごはん…300g
しめじ…150g
玉ねぎ…¼個（50g）
鶏もも肉…½枚（150g）
塩・こしょう…各少々
バター…大さじ2
小麦粉…大さじ3
牛乳…400mℓ
A ｜ 塩…小さじ½
　｜ こしょう…少々
B ｜ 塩…小さじ⅓
　｜ こしょう…少々
バター…大さじ1
溶けるチーズ…30g
黒こしょう…少々
パセリ（みじん切り）…少々

高野豆腐のグラタン

材料　2人分
高野豆腐…3枚
玉ねぎ…¼個（50ｇ）
ベーコン…2枚
A ｜ 牛乳…300㎖
　｜ しょうゆ…小さじ2
　｜ みりん…大さじ1
溶けるチーズ…20ｇ
万能ねぎ（小口切り）…少々

作り方
1. 高野豆腐はさっと洗い、熱湯をまわしかけて2〜3分おき、水気を絞り、4等分に切る。玉ねぎは薄切りにし、ベーコンは1㎝幅に切る。
2. ボウルにAを入れ、ラップをし、電子レンジで1分加熱し、泡立て器で混ぜ合わせる。これを5〜6回行い、なめらかにする。
3. グラタン皿に**2**を少し敷き、その上に**1**と**2**をのせ、溶けるチーズをのせる。
4. オーブントースターで7〜8分焼き、万能ねぎを散らす。

作り方
1. しめじは石づきを取り、ほぐす。玉ねぎは薄切りにし、鶏肉は一口大のそぎ切りにして塩、こしょう各少々をふる。
2. フライパンにバター大さじ2を中火で溶かし、鶏肉を入れ、焦がさないように炒める。しめじと玉ねぎを入れ、さっと炒める。
3. 小麦粉を入れてざっくり混ぜ、炒め合わせて粉気がなくなったら、牛乳を入れる。ひと煮立ちさせ、**A**で調味する。
4. ボウルにごはんを入れ、**B**をふり、バター大さじ1を入れてざっくり混ぜる。
5. グラタン皿に**3**をお玉1杯分ぐらい入れ、**4**をのせ、**3**をかける。溶けるチーズをのせる。
6. オーブントースターで7〜8分焼き、黒こしょうをふり、パセリを散らす。

ドレッシング

牛乳を加えてうま味をアップ。さっぱり感が出ていつもとはひと味違うドレッシングになります。みそやごま油との相性も◎

中華ドレッシング

竜田揚げや
から揚げなどにも
おすすめです

イタリアンドレッシング

お好みで
ハーブをプラスしても
OK

和風ドレッシング

しょうゆではなく、
みそを
使ってみました

ディップ

牛乳を使ってコクをプラス。濃厚な味わいと繊細な口当たりは子どもからお年寄りまで楽しめます。パンなどに塗っても

アボカドのディップ

カジュアルな
おもてなしにも
ぴったり

さつまいものディップ

上品な甘さで
スイーツのような
味わいです

かぼちゃのディップ

五香粉(ウーシャンフェン)をプラスして
味にアクセントを
つけました

中華ドレッシング

材料　作りやすい分量
A｜しょうが(みじん切り)…小さじ1
　　長ねぎ(みじん切り)…小さじ1
　　しょうゆ…大さじ1
　　酢…大さじ1
　　砂糖…大さじ1
　　牛乳…大さじ3
　　ごま(白)…大さじ1
ごま油…大さじ2

作り方
ボウルにAを入れ、混ぜながら、少しずつごま油を入れ、よく混ぜ合わせる。

イタリアンドレッシング

材料　作りやすい分量
A｜砂糖…少々
　　酢…大さじ1
　　塩…小さじ1/3
　　こしょう…少々
　　粒マスタード…小さじ1/2
　　牛乳…大さじ3
オリーブ油…大さじ2

作り方
ボウルにAを入れ、混ぜながら、少しずつオリーブ油を入れ、よく混ぜ合わせる。

和風ドレッシング

材料　作りやすい分量
A｜みそ…大さじ1
　　砂糖…大さじ1/2
　　酢…大さじ1
　　牛乳…大さじ3
サラダ油…大さじ3

作り方
ボウルにAを入れ、混ぜながら、少しずサラダ油を入れ、よく混ぜ合わせる。

アボカドのディップ

材料　作りやすい分量
アボカド…1個(正味約140g)
A｜塩…小さじ1/3
　　こしょう…少々
　　酢…小さじ1
　　牛乳…大さじ3
　　オリーブ油…大さじ1

作り方
ボウルにアボカドをスプーンですくい入れ、Aを入れてよく混ぜ合わせる。

さつまいものディップ

材料　作りやすい分量
さつまいも…150g
A｜塩…小さじ1/3
　　こしょう…少々
　　シナモン(パウダー)…少々
　　牛乳…85ml
　　オリーブ油…大さじ1

作り方
1　さつまいもは電子レンジで3～4分加熱し(途中様子を見る)、熱いうちに皮をむいてつぶす。
2　ボウルに1とAを入れ、よく混ぜ合わせる。

かぼちゃのディップ

材料　作りやすい分量
かぼちゃ…150g
A｜塩…小さじ1/3
　　五香粉(ウーシャンフェン)…少々
　　牛乳…大さじ4
　　サラダ油…大さじ1

作り方
1　かぼちゃはラップし、電子レンジで約4分加熱し(途中様子を見る)、熱いうちに皮をむいてつぶす。
2　ボウルに1とAを入れ、よく混ぜ合わせる。

― 第4章 ―
中華料理
(*Chinese food*)

麻婆なすにえびチリ、八宝菜など中華の定番にも
牛乳を入れると脂っこさが緩和でき、しかも
多くの調味料を使わなくてもコクのある一品になります。
ごはんがドンドンすすむボリューム満点のおかずです。

バンバンジー
棒棒鶏

棒棒鶏はタレが命。すりごまに牛乳を合わせていつものタレより濃厚でうま味たっぷり！

肉だんごのミルクあん

外はカリッ、中はフワッ。定番中華もミルクあんでひと味違う一品に

アスパラの卵白あんかけ

グリーンの野菜と、牛乳+卵白のあんのコントラストが美しいでしょ

<ruby>棒棒鶏<rt>バンバンジー</rt></ruby>

棒棒鶏

材料 2人分
鶏胸肉…1枚(300g)
塩・こしょう…各少々
A│砂糖…大さじ1
 │長ねぎ(みじん切り)
 │ …少々
 │しょうが(みじん切り)
 │ …5g
B│酢…大さじ1
 │砂糖…大さじ2
 │塩…少々
 │牛乳…大さじ6
 │しょうゆ…大さじ1
 │すりごま…大さじ4
C│ラー油…大さじ1
 │長ねぎ(みじん切り)
 │ …2cm長さ
 │しょうが(みじん切り)
 │ …1かけ
 │ごま油…小さじ2
パクチー…適宜

作り方

1 鶏肉は皮を取って塩、こしょうをふり、**A**をもみ込み、アルミ箔で包む。鍋に入れ、水1½カップ(分量外)を入れてふたをし、12～13分蒸す。冷まし、食べやすい大きさに裂く。
2 ボウルに**B**を入れ、しっかり混ぜ合わせ、**C**を入れてゆっくりと混ぜ合わせる。
3 器に**1**を盛り、**2**を回しかけ、あればパクチーをあしらう。

> **おいしく仕上げるコツ**
>
> タレはゆっくり混ぜ合わせてください。混ぜ合わせすぎるとラー油、ごま油が乳化し、香りや辛みが飛んでしまいます。

肉だんごのミルクあん

材料　2人分
豚ひき肉…200g
A | みそ…小さじ1½
　| ごま油…小さじ1
　| 溶き卵…½個分
　| 片栗粉…大さじ1
しょうが(みじん切り)…10g
長ねぎ(みじん切り)…10cm長さ
揚げ油…適量
B | 牛乳…200mℓ
　| 塩…小さじ¼
　| こしょう…適量
水溶き片栗粉…大さじ2
粉山椒・パセリ…各適宜

作り方
1 ボウルにひき肉とAを入れ、粘りが出るまでしっかり練り、しょうがと長ねぎを入れ、混ぜ合わせる。一口大の球状に丸める。
2 フライパンに揚げ油を中温に熱し、1を入れ、転がしながら揚げて油をきる。
3 鍋にBを入れ、中火でひと煮立ちさせ、水溶き片栗粉でとろみをつける。
4 2を器に盛り、3をかけ、あれば山椒をふってパセリをあしらう。

アスパラの卵白あんかけ

材料　2人分
グリーンアスパラガス
　…3本(75g)
ブロッコリー…75g
ロースハム…2枚
卵白…1個分
牛乳…200mℓ
塩…小さじ⅓
こしょう…少々
水溶き片栗粉…大さじ1

作り方
1 アスパラガスは根元のかたい部分をむき、食べやすい長さに切り、ブロッコリーは小房に分ける。ハムは粗みじん切りにする。
2 鍋に湯を沸かし、湯の分量の1％の塩（分量外）を入れ、1のアスパラガスとブロッコリーをゆで、水気をきる。
3 2の鍋の湯を捨て、ハム半量と牛乳を入れ、中火でひと煮立ちさせる。さっと煮て塩、こしょうで調味する。
4 3に水溶き片栗粉でとろみをつけ、卵白を流し入れ、静かに混ぜ合わせてもう半量のハムを入れる。
5 2を器に盛り、4をかける。

麻婆なす

みその風味と牛乳のコクでやさしい辛さの麻婆なすに。ごはんがすすみますね！

ゆで豚肉の香味ソース

ごまだれよりもマイルドな味ですが、香味野菜をしっかりきかせて

かに玉牛乳あん

ふんわり卵にやさしい味の牛乳あんがよく合います

麻婆なす

材料　2人分
- なす…3本
- 豚ひき肉…100g
- 長ねぎ(みじん切り)…10g
- しょうが(みじん切り)…10g
- サラダ油…大さじ2
- A
  - 豆板醤…小さじ1
  - 塩…小さじ½
  - こしょう…適量
  - 砂糖…大さじ1
  - みそ…大さじ1
- 牛乳…200mℓ
- 水溶き片栗粉…大さじ1
- 酢…小さじ1
- 長ねぎ(みじん切り)…少々

作り方
1. なすはヘタを切り落とし、皮をむき、縦に4等分に切る。
2. フライパンにサラダ油をひき、**1**を入れ、中火で表面がこんがりするまで焼いて取り出す。
3. ひき肉と長ねぎ、しょうがを入れ、中火でひき肉がパラパラになるまで炒める。**A**で調味し、さらに炒める。
4. 牛乳を入れ、ひと煮立ちさせ、なすを戻し入れて2～3分煮る。水溶き片栗粉でとろみをつけ、火を止め、酢を回しかける。
5. 器に盛り、長ねぎを散らし、お好みでラー油をかける。

※なすの皮はなすとは別に炒め（一緒に炒めるとなすの色が悪くなる）、添えてもOK。

おいしく仕上げるコツ

牛乳を入れるとマイルドな辛みになりますが、調味料は唐辛子やラー油、豆板醤、七味唐辛子などお好きな辛みでどうぞ。お好みで仕上げに山椒をふると本格的な味になります。

ゆで豚肉の香味ソース

材料　2人分
豚もも薄切り肉…200g
長ねぎ(みじん切り)…10g
しょうが(みじん切り)…10g
A│しょうゆ…大さじ1
　│粉山椒…適量
　│牛乳…大さじ4
　│塩…小さじ½
　│酢…大さじ2
　│ごま油…大さじ1½
　│砂糖…大さじ1
サラダセロリ…適宜

作り方
1　鍋に80℃（気泡が出てくるぐらい）の湯を沸かし、豚肉を入れ、しゃぶしゃぶし、水に取り、水気をきる。
2　ボウルに長ねぎとしょうが、Aを入れ、しっかり混ぜ合わせる。
3　器に1を盛り、2を回しかけ、あればサラダセロリを適当な大きさに切ってのせる。

かに玉牛乳あん

材料　2人分
卵…4個
かにかまぼこ…4本
牛乳…大さじ2
長ねぎ(みじん切り)
　　…大さじ2
塩…小さじ¼
こしょう…少々
サラダ油…大さじ1
A│牛乳…200mℓ
　│塩…小さじ¼
　│こしょう…少々
水溶き片栗粉…大さじ1½

作り方
1　ボウルに卵を割り入れ、牛乳と長ねぎを入れ、塩、こしょうをふってよく溶く。かにかまをほぐしながら入れ、混ぜ合わせる。
2　濡れぶきんを用意する。フライパンにサラダ油を中火で熱し、1を流し入れ、かき混ぜながら半熟にする。円に形を整え、濡れぶきんの上にフライパンを30秒ぐらいのせ（卵がフライパンからはがれやすくなる）、器に盛る。
3　フライパンにAを入れ、中火でひと煮立ちさせ、水溶き片栗粉でとろみをつける。2にかける。

えびのチリソース

牛乳を使ってマイルドなチリソースに。お子さんでも安心して食べられますよ

きのこのオイスターソース

オイスターソースの濃厚なうま味に牛乳でさらにコクが出ます

真っ白い八宝菜

野菜と豚肉、魚介類のバランスがちょうどいい満足度の高いおかず

えびのチリソース

材料　2人分
えび(ブラックタイガー)
　…8尾
片栗粉…大さじ1
サラダ油…大さじ1
長ねぎ(みじん切り)…10g
しょうが(みじん切り)…10g
にんにく(みじん切り)…10g
A｜豆板醤…小さじ1
　｜塩…小さじ½
　｜砂糖…大さじ1
　｜トマトケチャップ
　｜　…大さじ1
牛乳…150mℓ
ラー油…少々
レタス類…適量
長ねぎ(みじん切り)…少々

作り方
1　えびは洗い、殻ごと背中に縦に切り込みを入れ、あれば背わたを取り、片栗粉をまぶす。
2　フライパンにサラダ油をひき、えびを入れ、中火で色づくまで焼いて取り出す。
3　長ねぎ、しょうが、にんにくを入れ、香りが出るまで炒め、Aで調味し、牛乳を入れてひと煮立ちさせる。
4　えびを戻し入れ、さっと火を通し、ラー油を回しかける。
5　器にレタスを敷き、4を盛り、長ねぎを散らす。
※えびは殻付きのままのほうがダシが出る。また、加熱する時間が少し長くなってもかたくなりにくい。

おいしく仕上げるコツ
えびは殻付きのまま調理すると、殻から出るうま味と牛乳のうま味で濃厚なソースになります。

きのこのオイスターソース

材料　2人分
えのきだけ…1袋（150ｇ）
しいたけ…4枚
チンゲン菜…1株
牛乳…200mℓ
A ┃ しょうゆ…大さじ1
　┃ オイスターソース
　┃ 　…大さじ1
　┃ 砂糖…大さじ1
水溶き片栗粉…小さじ2

作り方
1　えのきだけは根元を切り落とし、しいたけは軸を取る。チンゲン菜は1枚ずつはがし、ラップし、電子レンジで約2分加熱する。
2　フライパンに牛乳とA、えのきだけとしいたけを入れ、中火でひと煮立ちさせる。中火弱にし、2〜3分煮て、水溶き片栗粉でとろみをつける。
3　器にチンゲン菜を盛り、2をのせる。

真っ白い八宝菜

材料　2人分
白菜…2枚（160ｇ）
にんじん…1/5本（30ｇ）
しいたけ…2枚
豚もも薄切り肉…50ｇ
シーフードミックス（冷凍品）
　…50ｇ
塩・こしょう…各少々
片栗粉…大さじ1
サラダ油…大さじ1
牛乳…200mℓ
塩…小さじ2/3
砂糖…小さじ1

作り方
1　白菜、にんじん、しいたけ、豚肉は食べやすい大きさに切り、塩、こしょう、片栗粉大さじ½をふり、もみ込む。シーフードミックスも残りの片栗粉をふり、もみ込む。
2　フライパンにサラダ油をひき、にんじん、白菜、豚肉、しいたけの順に入れ、中火で豚肉に火が通るまで炒める。
3　牛乳を入れ、ひと煮立ちさせ、シーフードミックスを入れて塩、砂糖で調味する。

麻婆春雨

牛乳のうま味を吸った春雨が後をひくおいしさ。低カロリーでダイエット中の人にもうれしい

麻婆春雨

材料　2人分
春雨…80g
えのきだけ…100g
豚ひき肉…80g
豆板醤…小さじ1
甜麺醤…大さじ½
A│しょうゆ…大さじ1½
　│砂糖…小さじ½
　│牛乳…300mℓ
長ねぎ(みじん切り)…少々

作り方
1 春雨はボウルに入れ、熱湯を注ぎ入れて2～3分おき、ざるにあげる。えのきだけは根元を切り落とし、適当な長さに切る。
2 フライパンにひき肉を入れ、中火でパラパラになるまで炒め、豆板醤と甜麺醤を加え、さらに炒める。**A**で調味し、**1**を入れて春雨に汁を吸わせながら炒める。
3 器に盛り、長ねぎを散らす。

> **おいしく仕上げるコツ**
> 春雨に牛乳のうま味をすべて吸わせたいので、熱湯に浸ける時間は2～3分にし、かために戻しましょう。

クックパッド掲載レシピ
3

つくれぽ 1666人

黄金比率のフレンチトースト

牛乳と卵、砂糖の黄金比率の卵液。
食パンにたっぷり吸わせた絶品のフレンチトースト

材料　2人分
食パン(8枚切り)…2枚
卵…1個
牛乳…100mℓ
砂糖…大さじ1
バター…小さじ2

作り方
1. バットに砂糖と卵を入れよく混ぜ、牛乳を入れ、泡だて器で混ぜる。
2. 食パンを横半分に切り、**1**に片面1分30秒ずつ、両面浸す。
3. フライパンを温め、バター半分を溶かしたところに**2**を入れ、1分30秒焼き、裏返して残りのバターを入れ、1分30秒焼く。
4. 器に盛り、お好みで粉糖をふる。

※本の出版に当たり、レシピ内容を一部修正しております。

第5章
イタリアン
(Italian)

パスタやリゾット、ニョッキなどなじみのイタリアンは
牛乳との相性は抜群！ 少し加えるだけで
コクがあるのにしつこくない、
グッとおいしい一皿になります。

ミートミルクスパゲティ

赤ワインの代わりに牛乳を使いましたよ。ひき肉の臭いも取れ、おいしくなります

ミートミルクスパゲティ

材料　2人分
スパゲティ…160g
合いびき肉…200g
玉ねぎ…1/5個（40g）
にんじん…1/5本（30g）
セロリ…20g
にんにく…小1かけ
オリーブ油…大さじ1/2
小麦粉…小さじ1
トマトペースト…15g
牛乳…200mℓ
ローリエ…1枚
ナツメグ…少々
A｜塩…小さじ1/2
　｜こしょう…少々
　｜バター…大さじ1
粉チーズ…大さじ2

作り方
1　玉ねぎ、にんじん、セロリ、にんにくはみじん切りにする。
2　フライパンにオリーブ油をひき、にんにく、玉ねぎ、にんじん、セロリの順に入れ、中火でしんなりするまで炒める。
3　ひき肉を入れ、パラパラになるまで炒め、小麦粉を加え、炒める。トマトペーストを加えて、さらに炒める。
4　牛乳とローリエ、ナツメグを入れ、中火弱にし、約30分煮る。
5　鍋に湯を沸かし、湯の分量の1%の塩（分量外）を入れ、スパゲティを入れて、袋の表示時間通りにゆで、水気をきる。
6　4に5を入れ、手早くからめ、**A**で調味する。
7　器に盛り、粉チーズをふる。

シンプルミルクパスタ

具はきのこだけ。でも、牛乳としめじのうま味で満足度の高いパスタになります

やわらかニョッキ

手作りニョッキはイタリアのマンマの味。シンプルだけどコクのある牛乳ソースです

シンプルミルクパスタ

材料　2人分
- スパゲティ…160g
- しめじとホワイトしめじ
　…合わせて150g
- バター…大さじ2
- にんにく（みじん切り）
　…小1かけ分
- 牛乳…200㎖
- 塩・こしょう…各少々
- 芽ねぎ…適宜

作り方
1. しめじとホワイトしめじは石づきを取り、ほぐす。
2. 鍋に湯を沸かし、湯の分量の1％の塩（分量外）を入れ、スパゲティを入れて、袋の表示時間より2〜3分短めにゆで、水気をきる。
3. スパゲティをゆで始めたら、フライパンにバターを中火で溶かし、にんにくを入れ、香りが出るまで炒め、1を入れて焼き色がつくまで炒める。
4. 牛乳を入れ、ひと煮立ちさせ、塩、こしょうで調味する。2を入れ、牛乳を吸わせながら手早くからめる。
5. 器に盛り、あれば芽ねぎを散らす。

おいしく仕上げるコツ

具はきのこだけ。そのうま味を生かしたシンプルな仕立てですが、牛乳をたっぷり使って、パスタにうま味をしっかり吸わせると、想像以上においしい一品になります。

やわらかニョッキ

材料　2人分
じゃがいも
　…中3個（正味約250ｇ）
A ｜ 強力粉…75ｇ
　　｜ ナツメグ…少々
　　｜ 牛乳…大さじ3
牛乳…300mℓ
粉チーズ…大さじ3
塩…小さじ⅓
こしょう…少々
黒こしょう…少々
ゆで卵の黄身（みじん切り）
　…適宜

作り方
1　じゃがいもはラップをせず、電子レンジで約10分加熱し（途中裏返し、様子を見る）、熱いうちに皮をむき、つぶして粗熱を取る。
2　ボウルに**1**と**A**を入れて混ぜ合わせ、かたくなりすぎないようにまとめる。
3　まな板の上で直径1cmの棒状に伸ばし、少しおさえて平らにし、一口大に切る。
4　鍋に湯を沸かし、湯の分量の1％の塩（分量外）を入れ、**3**を入れて浮いてきたら冷水に取り、ざるにあげる。
5　鍋に牛乳、粉チーズ半量を入れ、**4**を入れてからめながら火を通す。塩、こしょうで調味する。
6　器に盛り、残りの粉チーズと黒こしょう、あれば黄身をふる。
※好みでバジルの葉を刻んで入れても。

おいしく仕上げるコツ

じゃがいもと強力粉、ナツメグ、牛乳を混ぜる時は、こねないように混ぜてまとめるとやわらかく仕上げられます。

ペンネアラビアータ

唐辛子の辛みが牛乳でほどよくコーティングされ、まろやかなピリ辛になりました

ボンゴレビアンコ

白ワインがなくても牛乳を使えば手軽で簡単!もちろんおいしさもバッチリです

カレー風味のブイヤベース

魚のアラを煮たスープに牛乳をプラス。コクのある絶品スープです

リゾット

ミルクの甘さとコクでとっても濃厚。お腹にやさしいから、遅い時間の夕食にもおすすめ

ペンネアラビアータ

材料　2人分
ペンネ…150 g
唐辛子…1本
にんにく(みじん切り)
　…1かけ分
オリーブ油…大さじ2
トマトソース(缶詰)
　…1/8缶(35 g)
牛乳…200㎖
塩・こしょう…各少々
バジル…適量

作り方
1　フライパンにオリーブ油をひき、にんにくと唐辛子を入れ、中火で香りが出るまで炒める。
2　トマトソースを入れ、ひと煮立ちさせ、牛乳を加えて中火で少し煮る。
3　鍋に湯を沸かし、湯の分量の1%の塩(分量外)を入れ、ペンネを入れて袋の表示時間より約1分短めにゆで、水気をきる。
4　2に3を加え、汁気が少なくなるまでからめながら、塩、こしょうで調味する。
5　器に盛り、バジルをあしらう。

ボンゴレビアンコ

材料　2人分
スパゲティ…160 g
あさり(砂抜きしたもの)
　…150 g
にんにく(みじん切り)
　…小1かけ分
唐辛子…1本
パセリ(みじん切り)…適量
牛乳…200㎖
オリーブ油…大さじ2
塩・こしょう…各少々

作り方
1　あさりは殻と殻をこすり合わせて洗う。
2　鍋に湯を沸かし、湯の分量の1%の塩(分量外)を入れ、スパゲティを入れて、袋の表示時間の半分の時間ゆで、水気をきる。
3　スパゲティをゆで始めたら、フライパンにオリーブ油大さじ1をひき、にんにくと唐辛子を中火で香りが出るまで炒める。パセリ、あさりを入れ、水大さじ2(分量外)を入れてふたをし、あさりの殻が開くまで蒸し煮にする。あさりを取り出す。
4　牛乳と2を加えて、汁をスパゲティに吸わせるように火にかけ、アルデンテに仕上げ、塩、こしょうで調味する。
5　3のあさりを戻し入れ、残りのオリーブ油大さじ1を回し入れる。

カレー風味のブイヤベース

材料　2人分
白身魚のアラ（好みのもの）
　…300g
するめいか…1杯（200g）
えび（ブラックタイガー）…4尾
はまぐり（砂抜きしたもの）
　…6個
ブロッコリー（ゆでたもの）
　…100g
水…2カップ
カレー粉…小さじ2
牛乳…400ml
塩…小さじ1/3
こしょう…少々
フランスパン（薄切り・
　トーストしたもの）…4枚

作り方
1　アラはさっと洗い、いかは内臓を取り、胴は少し太めの輪切りにし、エンペラは食べやすい大きさに切る。足は吸盤についているかたいものをこそげ落とす。はまぐりは殻と殻をこすり合わせて洗う。
2　鍋にアラと水、カレー粉を入れ、中火で約30分煮る。ざるにキッチンタオルを敷き、煮汁をこす。
3　2のスープを鍋に戻し入れ、えび、はまぐり、いかを入れ、さっと火を通す。
4　牛乳を入れてひと煮立ちさせ、塩、こしょうで味を調える。
5　器に注ぎ、ブロッコリーをのせ、フランスパンを添える。

リゾット

材料　2人分
米…1カップ（180g）
牛乳…500ml
玉ねぎ（みじん切り）
　…大さじ2
オリーブ（黒・緑・薄切り）
　…各2粒
オリーブ油…大さじ1
塩…小さじ1/2
こしょう…少々
粉チーズ…大さじ2
黒こしょう…適量

作り方
1　鍋に牛乳を入れ、中火で温める。
2　1とは別の鍋にオリーブ油をひき、玉ねぎを入れ、しんなりするまで炒め、米を加え、さらに炒める。
3　1の温めた牛乳200mlを入れ、ひと煮立ちさせ、残りの牛乳を少しずつ加えて約13分煮る。塩、こしょうで調味し、火を止め、粉チーズをふり、オリーブを入れて混ぜ合わせる。
4　器に盛り、黒こしょうをふる。

チキンと豆の牛乳煮込み

やわらかなチキンとクリーミーな口当たり。和洋に合う主菜です

ポークカツレツ

牛乳と粉チーズ入り揚げ衣でコクをアップ。サンドイッチの具にも

豚肉のソテー ミルクハーブソース

いつものソテーをミルクソースでちょっとおめかし。香りがよく、おもてなしのメインにも

チキンと豆の牛乳煮込み

材料　2人分
鶏もも肉…1枚(300g)
A｜塩…小さじ½
　｜こしょう…少々
牛乳…200mℓ
ひよこ豆(水煮)…100g
とうもろこし(缶詰)…50g
枝豆(冷凍品・さやから出す)
　…50g
玉ねぎ(みじん切り)…¼個
にんじん(みじん切り)
　…⅕本(30g)
オリーブ油…大さじ1
唐辛子…1本
塩…小さじ⅓
こしょう…少々
バター(室温に戻したもの)
　…大さじ1
小麦粉…大さじ1
黒こしょう…少々

ポークカツレツ

材料　2人分
豚薄切りロース肉…2枚(200g)
塩…小さじ⅓
こしょう…少々
ドライハーブ(バジル、オレガノ、
　パセリ)…小さじ2
パン粉(細かめ)…½カップ
小麦粉…適量
卵…1個
牛乳…大さじ4
粉チーズ…大さじ1
オリーブ油…大さじ2
葉野菜(好みのもの)…適量
トマト(くし形に切る)…小1個
レモン(くし形に切る)…¼個

作り方

1 鶏肉は一口大に切り、**A**をふり、玉ねぎとにんじんを混ぜ合わせる。
2 鍋にオリーブ油をひき、唐辛子を入れ、中火で香りが出るまで炒める。**1**の鶏肉を入れ、ふたをし、中火弱にして約10蒸し煮にする。
3 牛乳、ひよこ豆、とうもろこし、枝豆を入れ、ふたをせず、中火弱で約5分煮る。
4 塩、こしょうで調味し、バターと小麦粉を混ぜ合わせたものを入れ、煮溶かす。
5 器に盛り、黒こしょうをふる。

作り方

1 豚肉は半分に切り、肉たたきで薄くのばし、塩、こしょうをふる。バットにドライハーブとパン粉を混ぜ合わせる。同じバットのあいているところに小麦粉を用意する。
2 ボウルに卵を割り入れて溶き、牛乳と粉チーズを入れ、混ぜ合わせる。豚肉に小麦粉、溶き卵液、パン粉の順につける。
3 フライパンにオリーブ油をひき、**2**を入れ、中火でパン粉がきつね色になるまで両面焼く。
4 器に盛り、葉野菜とトマト、レモンを添える。

豚肉のソテー ミルクハーブソース

材料 2人分

豚ロース肉(ソテー用)
　…2枚(300g)
ほうれん草…100g
A | 塩…小さじ½
　　| こしょう…少々
小麦粉…適量
オリーブ油…大さじ1½
牛乳…200mℓ
塩・こしょう…各少々
イタリアンパセリ(みじん切り)
　…大さじ2

作り方

1 ほうれん草はざく切りにする。豚肉は筋切りし、**A**をふり、小麦粉を薄くまぶす。
2 フライパンにオリーブ油大さじ½をひき、**1**のほうれん草を入れ、中火で炒めて塩、こしょう各少々(分量外)をし、器に盛る。
3 **2**のフライパンにオリーブ油大さじ1をひき、豚肉を入れ、両面こんがりするまで焼いて火を通し、**2**に盛る。
4 牛乳を入れ、ひと煮立ちさせ、中火弱にし、少しとろみが出るまで煮詰める。塩、こしょうで調味し、イタリアンパセリをふり、さっと混ぜ、**3**にかける。

クックパッド掲載レシピ
4

つくれぽ 1320人

1ℓの牛乳で作る！
本当にとろとろ牛乳ゼリー

牛乳本来の味を楽しめるミルキーなゼリー。
ホームパーティのデザートにもぴったり

材料　作りやすい分量
牛乳…1ℓ
ゼラチン（粉末）…15g
砂糖…60g

作り方
1. 鍋にゼラチン、砂糖、牛乳を入れ、中火弱でゼラチンが溶けるまでゆっくりかき混ぜながら加熱する（沸騰させないこと）。
2. 粗熱が取れたら、器に入れ、冷蔵庫でかたまるまで冷やす（目安は3時間前後）。

※本の出版に当たり、レシピ内容を一部修正しております。

── 第**6**章 ──
和食
(*Japanese-food*)

和食と牛乳、意外な組み合わせですが、
一緒に調理することで魚や肉特有の臭みが取れて
新しい味が生まれ、びっくりするほどおいしく仕上がります。
だしがいらないのもいいところです。

ほうれん草のおひたし

牛乳としょうゆって驚くほど合うんです。ちょっと趣向を変えて洋風のおひたしはいかがですか

洋風揚げだし豆腐

衣におかきを使って食感に変化を出しました。コース料理のような一品になりましたよ

鉄骨レバーの煮もの

牛乳で煮るのでレバーの臭みもありません。鉄分とカルシウムが同時に摂れます

すっぱくない南蛮漬け

しょうがを入れなくても牛乳がさばの臭いを解消。DHAとEPAがしっかり摂取できます

ほうれん草のおひたし

材料　2人分
ほうれん草…150g
牛乳…200mℓ
しょうゆ…大さじ1
焼きのり…½枚

作り方
1 熱湯に湯の分量の1％の塩（分量外）を入れ、ほうれん草を入れてゆで、水に取る。しっかり絞り、食べやすい長さに切り、バットに入れる。
2 小鍋に牛乳を入れ、中火でひと煮立ちさせ、しょうゆを回し入れて火を止める。**1**に流し入れ、好みの時間漬ける。
3 器に盛り、ちぎったのりをのせる。

洋風揚げだし豆腐

材料　2人分
豆腐（木綿）…1丁(300g)
おかき（塩味）…60g
小麦粉…適量
卵白…1個分
揚げ油…適量
A｜牛乳…200mℓ
　｜砂糖…小さじ1
　｜塩…少々
　｜しょうゆ…小さじ2
水溶き片栗粉…大さじ1 ½
白髪ねぎ…6cm長さ分
防風…適宜

作り方
1 豆腐は6等分に切り、キッチンタオルに包み、5〜6分おき、軽く水気をきる。おかきは細かく砕く。
2 豆腐に小麦粉をまぶし、卵白をつけ、おかきをまぶす。
3 フライパンに揚げ油を中温に熱し、**2**を入れ、表面がきつね色になるまで揚げて油をきる。
4 小鍋に**A**を入れ、中火にかけ、ひと煮立ちさせて水溶き片栗粉でとろみをつける。
5 器に**3**を盛り、**4**をかけ、白髪ねぎとあれば防風をのせる。

鉄骨レバーの煮もの

材料　2人分
鶏レバー…300g
A｜水…¼カップ
　｜しょうゆ…大さじ2
　｜砂糖…大さじ1
牛乳…200mℓ
七味唐辛子…少々

作り方
1 レバーは半分に切り離し、横半分に開く。ボウルに水をはり、レバーを入れ、ゆっくりとやさしくかき混ぜながら洗う。これを水を替えながら3回ほど繰り返す。血のかたまりがあれば手で取り、水気をきる。
2 鍋にAと1を入れ、中火でアクを取りながら汁気がなくなるまで煮る。牛乳を入れ、煮きる。
3 器に盛り、七味唐辛子をふる。

すっぱくない南蛮漬け

材料　2人分
塩さば(3枚おろし)…½尾分
しめじ…½パック(50g)
梅干し…1粒
もやし…½袋(100g)
小麦粉…適量
ごま油…大さじ1
A｜牛乳…100mℓ
　｜しょうゆ…大さじ1
　｜砂糖…大さじ1
　｜唐辛子…1本
万能ねぎ(小口切り)…少々

作り方
1 しめじは根元を切り落とし、ほぐす。梅干しは種を取り除き、つぶす。さばは食べやすい大きさに切り、小麦粉をまぶす。
2 バットにAと1の梅干しを入れ、よく混ぜ合わせる。
3 フライパンにごま油をひき、さばの皮目を下にして入れ、中火で両面こんがりするまで焼いて2に漬ける。
4 3のフライパンにもやしとしめじを入れ、炒め、2に漬ける。
5 器に3と4を盛り、万能ねぎをのせる。

さば缶のミルクそぼろ

さば缶を牛乳と一緒に煮た簡単保存食。ごはんがすすむふりかけ感覚のそぼろです。

洋風竜田揚げ

鶏肉に玉ねぎと牛乳をもみ込んでうま味をしっかりしみ込ませます。冷めてもやわらか

切干し大根の煮もの

地味な切干し大根も牛乳で煮ると洗練された洋風の煮ものに変身。驚きのおいしさです

ミルクがゆ

牛乳のコクとうま味が米1粒ずつにしみ込んだやさしい味わいが自慢のおかゆです

さば缶のミルクそぼろ

材料　2人分
さばの缶詰(水煮)
　…1缶(190g)
牛乳…100mℓ
塩…少々
黒こしょう…多め
ごま(白)…小さじ2
花穂じそ…適宜

作り方
1　小鍋にさば缶をあけ、牛乳を入れる。
2　ほぐしながら、中火で汁気がなくなるまで煮詰め、塩、黒こしょうで調味し、ごまをふってざっくり混ぜる。
3　器に盛り、あれば花穂じそを散らす。

洋風竜田揚げ

材料　2人分
鶏もも肉…1枚(300g)
塩…小さじ2/3
こしょう…少々
玉ねぎ(すりおろし)
　…大さじ1
牛乳…大さじ4
片栗粉…大さじ8
揚げ油…適量
レモン…1/6個

作り方
1　鶏肉は一口大のそぎ切りにし、塩、こしょうをふり、玉ねぎと牛乳をもみ込み、約10分おく。片栗粉をまぶす。
2　フライパンに揚げ油を中温に熱し、**1**を入れ、中まで火を通すように揚げて油をきる。
3　器に盛り、レモンを添える。

切干し大根の煮もの

材料　2人分
切干し大根…20g
ベーコン…1枚
牛乳…200mℓ
塩…小さじ⅓
こしょう…少々
黒こしょう…少々

作り方
1 切干し大根はさっと洗い、水½カップ（分量外）で約30回もみ洗いし、ざく切りにする。水は取っておく。ベーコンは細切りにする。
2 鍋に**1**の切干し大根ともみ洗いした水を入れ、ふたをし、中火で約10分蒸し煮にする。
3 ベーコンと牛乳を入れ、塩、こしょうで調味し、煮きる。
4 器に盛り、黒こしょうをふる。

ミルクがゆ

材料　2人分
米…1カップ
牛乳…400mℓ
水…600mℓ
ごま（白）…少々
梅干し…2粒

作り方
1 米はとぎ、ざるにあげる。
2 鍋に水を入れ、中火でひと煮立ちさせ、**1**を入れて、途中5分たったところで牛乳を加える。約15分煮て火を止める。ふたをし、10分蒸らす。
3 器によそい、ごまを散らし、梅干しをのせる。

おつまみ

牛乳のうま味を利用した手軽で簡単に作れる新感覚のおつまみ。ビールやワインにはもちろんのこと、日本酒や焼酎など和酒にもよく合います。1日の終わりのリラックスタイムにどうぞ

梅干しカッテージチーズ

材料　作りやすい分量
梅干し…30g
牛乳…1ℓ
青じそ…6枚

作り方
1 梅干しは種を取り除き、たたく。青じそはせん切りにする。
2 鍋に牛乳と1のたたいた梅干しを入れてよく混ぜ、2時間おく。
3 中火にかけ、分離してきたら、ボウルにざるを重ね、キッチンタオルを敷いて、こす。
4 別のボウルに3、青じそ半量を入れ、混ぜ合わせる。
5 器に盛り、もう半量の青じそをのせる。
※こして出てきたホエーは取っておく。

ホエーを使った炊き込みごはん

うま味のあるホエーを捨てるのはもったいない！
ごはんがツヤツヤに炊けるんです

材料　作りやすい分量
米…2合
ホエー（梅干しカッテージチーズのもの）と水…合わせて2合の目盛りまで
グリーンアスパラガスとスナップエンドウ…各30g
ごま(黒)…少々

作り方
1 米はとぎ、炊飯器の内釜に入れ、ホエーと水を目盛りまで入れて炊く。アスパラガスとスナップエンドウはゆでる。
2 器に1のごはんを盛り、ごまを散らし、アスパラガスとスナップエンドウを添える。
※粒マスタードを混ぜ込んでも。

梅干しカッテージチーズ

牛乳で作る簡単カッテージチーズ。
梅干しとしそでオツな味の和風のおつまみに

焼き野菜の白みそミルクソース

白みその甘味が牛乳とよく合って想像以上のおいしさです

塩麹のカッテージチーズ

生ハムはもちろん、クラッカーやトーストにのせてカナッペ風にしても

あさりのピリ辛ミルク蒸し

あさりとミルクのダブルのうま味です。電子レンジで手軽に作れます

玉ねぎのミルクもみ

玉ねぎをスライスして牛乳でもむだけ！ カレーのつけ合わせにも

焼き野菜の
白みそミルクソース

材料　2人分
かぼちゃ（薄切り）…2枚
ごぼう…15cm長さ
にんじん…½本(75ｇ)
玉ねぎ…小1個(100ｇ)
ブロッコリー…4房
白みそ…大さじ2
牛乳…50mℓ
オリーブ油…大さじ1

作り方
1 ごぼうは縦半分に切り、にんじんと玉ねぎは輪切りにする。ボウルに白みそと牛乳を入れ、よく溶き、ざっくり混ぜて器に盛る。
2 フライパンにオリーブ油をひき、**1**の野菜とかぼちゃ、ブロッコリーを入れ、中火で表面がこんがりするまで焼く。
3 器に**2**を盛り、**1**のソースをかける。

> **おいしく仕上げるコツ**
>
> みそは牛乳と合わせることで、みそ独特の臭いがやわらぎます。野菜は焼いてうま味を凝縮させてくださいね。

塩麹の
カッテージチーズ

材料　作りやすい分量
牛乳…1ℓ
塩麹（液体）…大さじ3
生ハム…4枚

作り方
1 鍋に牛乳と塩麹を入れ、一晩おく。
2 中火にかけ、分離してきたら、ボウルにざるを重ね、キッチンタオルを敷いて、こす。
3 **2**を⅛量ずつラップでにぎり、半分に切った生ハムを巻き、**2**を少量のせる。

> **おいしく仕上げるコツ**
>
> 牛乳に塩麹を混ぜ合わせて一晩おくだけ。マイルドで深い味わいのチーズになります。

あさりの
ピリ辛ミルク蒸し

材料　2人分
あさり(砂抜きしたもの)…150g
牛乳…50㎖
唐辛子…1本
パセリ(みじん切り)…少々

作り方
1. あさりは殻と殻をこすり合わせて洗う。
2. 耐熱ボウルに**1**と牛乳、唐辛子を入れ、ラップをして電子レンジであさりの殻が開くまで加熱する。
3. 器に盛り、パセリを散らす。

> おいしく仕上げるコツ
>
> あさりと牛乳を合わせると酵素の関係で蒸し汁が分離しますが、大丈夫です。おいしさは変わりません。

玉ねぎの
ミルクもみ

材料　2人分
玉ねぎ…1個(200g)
塩…小さじ⅓
牛乳…50㎖
桜えび…少々

作り方
1. 玉ねぎは薄切りにし、ボウルに入れ、塩をふる。牛乳を入れ、しんなりするまでもみ、水気を絞る。
2. 器に盛り、桜えびをのせる。
※好みでしょうゆをかけても。

> おいしく仕上げるコツ
>
> 玉ねぎを牛乳でもむことで玉ねぎの辛みが緩和され、食べやすくなりますよ。

クックパッド掲載レシピ。
5

つくれぽ 1257人

チキンときのこの軽い煮込み

わずか10分で作れるフレンチ風煮込み。
牛乳のコクを利用すると調味料は塩とこしょうでOK

材料　2人分
- 鶏もも肉…小1枚(200ｇ)
- 塩…小さじ⅓(肉の下味用)
- こしょう…少々(肉の下味用)
- 玉ねぎ…½個(100ｇ)
- しめじ…1パック(120ｇ)
- エリンギ…1パック(100ｇ)
- さつまいも…100ｇ
- 小麦粉…大さじ2
- 牛乳…300㎖
- 塩…小さじ½
- こしょう…適量
- ドライバジル…少々

作り方

1. 鶏もも肉は縦半分に切り、1cm幅強に切って、塩小さじ⅓、こしょう少々をふる。玉ねぎは5mm幅に切る。しめじは石づきを取り、ほぐす。エリンギはしめじ大に切る。さつまいもは7mm幅の半月切りにし、水でもみ洗いをする。
2. フライパンに鶏肉と玉ねぎを入れ、手で軽くもみながら混ぜ、中火で焼く。
3. 肉の色が少し変わったら、さつまいも、しめじ、エリンギを入れ、ふたをして蒸し煮にする。しんなりしたところで小麦粉を入れ混ぜる。
4. 牛乳を加え、中火で約5分煮て塩小さじ½、こしょう適量で調味する。
5. 器に盛り、ドライバジルをふる。

※本の出版に当たり、レシピ内容を一部修正しております。

第7章
変わりレシピ
(*strange*)

メインの材料に、調味料として、隠し味に、
いつもの和食が洋食に、洋食がエスニック風になど
牛乳の使い方ひとつで味に変化がつき、主菜にも脇役にも。
今までにない新しい変わり料理の数々です。

かぼちゃとズッキーニのタイ風煮もの

スパイシーなタイ料理も牛乳をプラスするとマイルドになり、お子さんでも食べやすい味に

ホワイトロールキャベツ

バターや小麦粉を使わず、牛乳だけでもうま味たっぷり!

豚肉と白菜の重ね煮込み

豚肉と白菜を交互に重ねて牛乳で煮るだけ。簡単なのにおしゃれ

かぼちゃとズッキーニのタイ風煮もの

材料　2人分
かぼちゃ…200ｇ
ズッキーニ(緑)…1本(140ｇ)
オリーブ油…大さじ1
水…1カップ
レモン…(輪切り)…4枚
しょうが(薄切り)
　…小1かけ分
塩…小さじ⅓
こしょう…適量
スイートチリソース
　…大さじ2
牛乳…200㎖
パクチー…適宜

作り方
1　かぼちゃは1cm幅に一口大に切り、ズッキーニは縦半分に切る。
2　フライパンにオリーブ油をひき、**1**を入れ、中火でこんがりするまで焼く。
3　水を入れ、ひと煮立ちさせ、レモンとしょうがを入れて塩、こしょうで調味する。
4　スイートチリソースと牛乳を入れ、2〜3分煮る。
5　器に盛り、パクチーをあしらう。

おいしく仕上げるコツ

ズッキーニはたんぱく質を分解しやすいので、しっかり火を通してから牛乳を入れてくださいね。

ホワイトロールキャベツ

材料　2人分
キャベツ…4枚
鶏ひき肉…100g
玉ねぎ…½個（約100g）
ベーコン…1枚
溶き卵…½個分
A ｜ 塩…小さじ⅓
　 ｜ こしょう…少々
水とキャベツの蒸し汁
　…合わせて1カップ
牛乳…200ml
B ｜ 塩…小さじ½弱
　 ｜ こしょう…少々
黒こしょう…適量
粉チーズ…少々

作り方
1 フライパンにキャベツと水½カップ（分量外）を入れ、ふたをし、中火でしんなりするまで蒸し煮にして冷ます。蒸し汁は取っておく。玉ねぎとベーコンはみじん切りにする。
2 ボウルにひき肉と玉ねぎ、ベーコン、溶き卵を入れ、**A**をふり、粘りが出るまで練って2等分する。
3 **1**のキャベツ2枚を重ねて広げ、**2**をのせて巻く。
4 鍋に並べ、水と**1**のキャベツの蒸し汁を入れ、ふたをして中火でひと煮立ちさせる。中火弱にし、約10分煮る。
5 牛乳を加え、約10分煮て**B**で味を調える。
6 器に盛り、黒こしょうと粉チーズをふる。

豚肉と白菜の重ね煮込み

材料　2人分
白菜…大4枚（400g）
豚ばら薄切り肉…200g
塩…小さじ1弱
こしょう…少々
牛乳…400ml
わさび…適量

作り方
1 白菜は横半分に切り、豚肉は塩、こしょうをふる。白菜と豚肉を交互に重ねる。
2 鍋に崩さないように入れ、牛乳を注ぎ入れてふたをし、弱火で約30分煮る。
3 器に盛り、わさびをのせる。

野菜フライ牛乳ソースがけ

アンチョビの塩気を使うので調味料は少量で。ソースをかけてどうぞ

焼きサーモンのミルクソース

ミルクソースがさけとマッチ。魚料理のレパートリーが広がるメニュー

ローストラム

牛乳に漬けたラムはクセが取れ、やわらか。和風ソースが肉のおいしさを引き立てます

野菜フライ牛乳ソースがけ

材料　2人分
ズッキーニ(黄・緑)…各1本
じゃがいも…2個(300～310g)
牛乳…200ml
アンチョビ(フィレ)…2切れ
塩・こしょう…各少々
卵…½個分
牛乳…大さじ2
小麦粉…適量
パン粉(細かめ)…適量
揚げ油…適量

作り方
1 小鍋に牛乳200mlを入れ、約15分とろりとするまで煮詰め、包丁でたたいたアンチョビを入れ、塩、こしょうで調味する。
2 ズッキーニは横半分に切り、縦4等分にスティック状に切る。じゃがいもは皮をむかずにスティック状に切り、ラップをして電子レンジで約2分加熱する。

焼きサーモンのミルクソース

材料　2人分
生ざけ…2切れ(200g)
牛乳…200ml
パセリ(みじん切り)…小さじ1
しめじ…½パック(50g)
ホワイトしめじ…½パック(50g)
トマト…中¼個(50g)
塩・こしょう…各少々
バター…大さじ1
アーモンド(スライス)…10g
小麦粉…適量
レモン(くし形に切る)…¼個

作り方
1 小鍋に牛乳を入れ、中火で半量になるまで煮詰める。パセリを加え、塩、こしょうで調味する。しめじとホワイトしめじは石づきを取り、1cm長さに切る。トマトは1cm角に切る。
2 バターを分量から少々取り、フライパンに中火で溶かす。1のしめじとホワイトしめじ、トマトを入れて炒め、塩、こしょう各少々(分量外)で調味し、取り出す。

ローストラム

材料　2人分
骨付きラム肉…300g
にんにく…1かけ
オクラ…4本
ししとう…4本
みょうが…1本
万能ねぎ…適量
塩…小さじ½　こしょう…少々
牛乳…100㎖
オリーブ油…大さじ1
みそ…大さじ1
紅たで…適宜

作り方

1 ラム肉は塩、こしょうをふり、牛乳に約30分漬ける。にんにくは軽くつぶす。オクラはガク周辺のかたい部分を切る。みょうがと万能ねぎは小口切りにする。
2 フライパンにオリーブ油をひき、1のにんにくを入れ、香りが出るまで炒め、取り出す。にんにくは取っておく。
3 ラム肉を入れ、両面こんがりするまで焼き、途中でオクラとししとうを入れ、一緒に焼いて取り出す。
4 残った焼き汁に1の牛乳と2のにんにくを入れ、みそを加えて溶かしながらとろみが出るまで煮詰める。
5 器に3を盛り、みょうが、万能ねぎ、あれば紅たでを添え、4をかける。

---

3 ボウルに卵を割り入れて溶き、牛乳大さじ2を入れ、混ぜ合わせる。
4 2のズッキーニとじゃがいもに小麦粉をまぶし、3にくぐらせ、パン粉をまぶす。
5 フライパンに揚げ油を中温に熱し、4をじゃがいも、ズッキーニの順に入れて揚げ、油をきる。
6 器に盛り、1をかける。

3 残りのバターを溶かし、アーモンドを入れ、色づくまで炒めて取り出す。
4 さけは塩、こしょう各少々（分量外）をふり、小麦粉を薄くまぶして並べ、両面色づくまで焼く。
5 4を器に盛り、2を添え、3を散らして1のソースをのせ、レモンを添える。

クレープロールサンド

花束のようなかわいらしさで食卓が華やぎます。甘くないクレープは朝食やランチにもおすすめ

フレンチトースト風サンド

食パンを卵液に浸してからトーストしたホットサンドです

洋風お茶漬け

食べすぎ、飲みすぎの翌日にも。胃腸にやさしい新感覚のお茶漬け

クレープロールサンド

材料　2人分

- ソーセージ…4本
- レタス類…適量
- 卵…1個
- 砂糖…大さじ1
- 牛乳…125㎖
- 薄力粉…50ｇ
- 溶かしバター…大さじ1
- 黒こしょう…適量
- ピンクペッパー…適宜
- 【スクランブルエッグ】
- 卵…4個
- 牛乳…50㎖
- 塩・こしょう…各少々
- バター…大さじ1

作り方

1 ボウルに卵1個を割り入れて溶き、砂糖、牛乳125㎖を入れ、よく混ぜ合わせる。薄力粉を入れ、混ぜ合わせ、溶かしバターを入れてさらに混ぜ合わせる。ラップをして冷蔵庫で2時間寝かせる。

2 フライパンを中火で熱し、**1**をお玉1杯分流し入れ、円形に薄くのばし、両面色づくまで焼く。同じ要領で4枚焼く。

3 **1**とは別のボウルに卵4個を割り溶き、牛乳50㎖を入れ、塩、こしょうをふってよく混ぜ合わせる。

4 フライパンにバターを中火で溶かし、**3**を流し入れ、混ぜ合わせながらやわらかめのスクランブルエッグを作る。取り出して冷ます。

5 **4**のフライパンにソーセージを入れ、こんがり焼く。

6 **2**を広げ、レタスを敷き、**5**と**4**をのせて巻く。黒こしょう、あればピンクペッパーをふる。

おいしく仕上げるコツ

バターをいつもより気持ち強めのきつね色になるまで溶かして生地を焼くと、香りがよく、表面がきれいな網目模様になります。

フレンチトースト風サンド

材料　2人分
食パン(8枚切り)…4枚
卵…1個
塩・こしょう…各少々
牛乳…100mℓ
ゆで卵…4個
スライスチーズ…2枚
黒こしょう…少々

作り方
1 ボウルに卵を割り入れて溶き、塩、こしょうをふり、牛乳を入れ、しっかり混ぜ合わせる。ゆで卵は適当な幅の輪切りにする。
2 食パンを1の卵液に入れ、両面吸わせる。オーブントースターにバター少々(分量外)を薄く塗ったアルミホイルを敷き、食パンをのせ、両面色づくまで焼く。
3 熱いうちにゆで卵、スライスチーズをはさんで黒こしょうをふる。

洋風お茶漬け

材料　2人分
温かいごはん…300ｇ
オリーブ(緑)…4粒
ベーコン…1枚
牛乳…600mℓ
塩・こしょう…各適量
粒マスタード…小さじ2
黒こしょう…適量

作り方
1 オリーブは輪切りにする。ベーコンはフライパンで油をひかずにカリカリに焼き、みじん切りにする。
2 小鍋に牛乳を入れ、中火でひと煮立ちさせ、塩、こしょうで調味する。
3 器にごはんを盛り、1と粒マスタードをのせ、黒こしょうをふり、2をかける。

クックパッド掲載レシピ
6

つくれぽ 1116人

パーフェクトスープ

牛乳をだし代わりに使ったうま味たっぷりのスープ。
野菜の甘味もきちんと生きています

材料　2人分
ベーコン…1枚(20g)
しめじ…½パック(50g)
にんじん…50g
キャベツ…100g
玉ねぎ…¼個(50g)
牛乳…400㎖
塩…小さじ½弱
こしょう…少々

作り方
1　ベーコンは1cm幅に切り、しめじは石づきを取り、ほぐす。にんじん、キャベツは短冊切りにし、玉ねぎは長さ半分の薄切りにする。
2　フライパンにベーコンと野菜を入れ、ふたをし、中火弱でときどき混ぜながら7～8分蒸し焼きにする。
3　水分が出てきたら、牛乳を入れ、ひと煮立ちさせ、塩、こしょうで調味する。

※本の出版に当たり、レシピ内容を一部修正しております。

第8章
デザート
(*dessert*)

スイーツと牛乳は切っても切れない相思相愛の関係。
そんな牛乳を惜しみなく使った
ひんやりスイーツからアツアツのスイーツまで
おもてなしにもぴったりの極上デザートです。

牛乳だけのケーキ

牛乳といちごの酸味がほどよくマッチ。甘さ控えめでいつものケーキよりも低カロリー

牛乳だけのケーキ

材料
直径18cmケーキ型
（底が抜けるタイプ）1台分
クッキー（プレーン）…80g
溶かしバター…40g
いちご
　…1パック（250〜300g）
牛乳…1ℓ
レモンの絞り汁…½個分
砂糖…50g
牛乳…400mℓ
ゼラチン（粉末）…15g
A｜砂糖…大さじ1
　｜水…80mℓ

作り方
1 クッキーは細かく砕き、溶かしバターを混ぜ合わせ、ケーキ型に敷く。いちごはヘタを取り、半量は薄切りにしてケーキ型の側面の内側につける。
2 鍋に牛乳1ℓを入れ、中火にかけ、レモンの絞り汁を加え、混ぜ合わせて分離するまで火にかける。
3 ボウルにざるを重ね、キッチンタオルを敷き、**2**をこす。ボウルに入れ、砂糖を入れてよく混ぜ合わせ、牛乳400mℓを加え、さらに混ぜ合わせる。
4 小さめの耐熱ボウルにゼラチン10gを水¼カップ（分量外）と入れてふやかし、電子レンジで20〜30秒加熱して溶かす。**3**に入れ、混ぜ合わせる。**1**のケーキ型に流し入れ、冷蔵庫で冷やしかためる。
5 残りのいちごはフォークなどでつぶす。小さめの耐熱ボウルにゼラチン5gを水大さじ4（分量外）と入れてふやかし、電子レンジで20〜30秒加熱して溶かす。
6 ボウルに**5**と**A**を入れ、混ぜ合わせ、**4**の上にかけ、冷蔵庫で再度冷やしかためる。

トロトロブランマンジェ

アーモンドミルクがなくても牛乳と生クリームで十分おいしく作れますよ

牛乳だんごのカスタードがけ

ほどよい甘さが自慢のカスタードソース。冷やしてどうぞ

にんじん寒天＆牛乳寒天

にんじんと牛乳のやさしい味わい。市松模様に盛りつけて

トロトロブランマンジェ

材料　2人分
ゼラチン(粉末)…5g
牛乳…450㎖
砂糖…40g
生クリーム…50㎖
グラニュー糖…大さじ1
レモンの絞り汁…大さじ1

作り方
1 小さめの耐熱ボウルにゼラチンと水大さじ5（分量外）を入れてふやかし、電子レンジで20〜30秒加熱して溶かす。
2 小鍋に牛乳200㎖と砂糖を入れ、中火で砂糖を煮溶かす。**1**を入れ、混ぜ合わせ、冷ます。
3 ボウルに生クリームを入れ、泡立て器で2〜3分立てにホイップし、牛乳50㎖を少しずつ入れながら混ぜ合わせる。
4 **2**がとろりとしてきたら、**3**を混ぜ、プリン型に入れて冷蔵庫で冷やしかためる。
5 ボウルに牛乳200㎖とグラニュー糖、レモンの絞り汁を入れ、混ぜ合わせる。
6 **4**を型から取り出して器に盛り、**5**をかける。

おいしく仕上げるコツ

牛乳に生クリームを少し入れるとよりコクが増します。

牛乳だんごのカスタードがけ

材料　2人分

牛乳…200㎖
卵…1個
砂糖…大さじ2
薄力粉…大さじ1
A ｜白玉粉…50ｇ
　｜砂糖…大さじ1
牛乳…大さじ3
ミント…適宜

作り方

1　牛乳200㎖は小鍋に入れ、中火でひと煮立ちさせる。
2　ボウルに卵を割り入れ、砂糖、薄力粉を入れて混ぜ合わせ、**1**を加え、手早く混ぜ合わせる。
3　中火にかけ、混ぜながらとろりとさせてゆるめのカスタードクリームにする。火を止め、冷ます。
4　ボウルに**A**を入れ、白玉粉をつぶしながらさらに混ぜ合わせ、牛乳大さじ3を少しずつ入れながら混ぜ合わせる。耳たぶぐらいのかたさにし、一口大に丸め、中央をくぼませる。
5　熱湯に**4**を入れ、浮いてくるまでゆで、冷水に取って水気をきる。
6　**5**を器に盛り、**3**をかけ、あればミントをあしらう。

にんじん寒天&牛乳寒天

材料　2人分

にんじん…⅓本（50ｇ）
A ｜牛乳…250㎖
　｜砂糖…大さじ2
　｜寒天（粉末）…2ｇ
B ｜砂糖…大さじ1
　｜水…1カップ
　｜寒天（粉末）…2ｇ

作り方

1　にんじんは薄切りにし、鍋に入れ、水大さじ2～3（分量外）を入れてふたをし、中火でやわらかくなるまで蒸し煮にする。ミキサーに移し入れ、攪拌する。
2　鍋に**A**を入れ、混ぜながらしっかり煮溶かす。バットに流し入れ、冷蔵庫でかためる。
3　鍋に**1**と**B**を入れ、混ぜながら煮溶かし、かたまった**2**に流し入れ、冷蔵庫でかためる。
4　四角に切り、器に表裏交互に並べる。

フルーツクラフティー

チェリーで作りましたが、お好きなフルーツでどうぞ。スプーンが止まらないおいしさです

あんまんお焼き

生地に牛乳を入れて風味よく仕上げました。冷めてもおいしいんです

牛乳クッキー

牛乳の甘さとサクッとした食感がどこか懐かしい素朴なお菓子。「もう1本」とついつい手が出ちゃいます。

焼きバナナのティラミス風

牛乳とバナナの相性のよさを生かしました。バナナは焼くとうま味が増します。

フルーツクラフティー

材料　2人分
チェリー（シロップ漬け・
　缶詰）…1缶（220ｇ）
卵…2個
砂糖…50ｇ
薄力粉…50ｇ
牛乳…250㎖
溶かしバター…20ｇ
粉糖…適量

作り方
1　オーブンを180度に温める。ボウルに卵を割り入れて溶き、砂糖、薄力粉、牛乳、溶かしバターの順に入れ、混ぜ合わせる。
2　器にチェリーを並べ、**1**を流し入れ、オーブンで約40分焼いて粉糖をふる。

あんまんお焼き

材料　2人分
A｜強力粉…50ｇ
　｜薄力粉…150ｇ
　｜ベーキングパウダー
　｜　…小さじ½
バター（室温に戻したもの）
　…大さじ1
B｜牛乳（人肌に温めたもの）
　｜　…130㎖
　｜砂糖…大さじ1
　｜ドライイースト
　｜　…小さじ1
あん（市販品）…120ｇ
ごま（黒）…少々
桜の塩漬け（水で洗ったもの）
　…適量

作り方
1　ボウルに**A**を入れ、混ぜ合わせ、バターを入れてさらに混ぜ合わせる。**B**を加え、混ぜ合わせ、粉気がなくなるまでこね、ひとまとめにする。
2　ラップし、常温で30分おく（2倍に膨れるまで）。
3　8等分にし、あんを包みながら丸め、平らにする。中央にごまや桜の塩漬けをのせる。
4　フライパンに入れ、中火弱で両面こんがりするまで焼き、ふたをして蒸し焼きにする。

牛乳クッキー

材料 作りやすい分量
A | 薄力粉…100g
　| 砂糖…大さじ1
　| 粉チーズ…大さじ2
牛乳…大さじ4

作り方
1 オーブンを180度に温める。ボウルに**A**を入れ、混ぜ合わせる。牛乳を入れてさらに混ぜ合わせ、ひとつにまとめる。
2 30cm四方のラップを2枚用意する。1枚を広げて**1**をのせ、もう1枚を上からかぶせて麺棒で薄くのばす（約15cm×25cm）。食べやすい長さに切り、1cm幅に切る。
3 オーブンの天板にクッキングシートを敷き、**2**を並べ、牛乳少々（分量外）を塗り、約15分焼く。

焼きバナナのティラミス風

材料 作りやすい分量
バナナ…2本
A | 牛乳…200mℓ
　| 砂糖…大さじ1
　| レモンの絞り汁
　|　…大さじ1
バター…大さじ1
砂糖…大さじ1
インスタントコーヒー
　…大さじ1

作り方
1 ボウルにバナナ1本をフォークなどでつぶし、**A**を入れ、混ぜ合わせる。もう1本は薄切りにする。
2 フライパンに中火でバターを溶かし、**1**の薄切りにしたバナナを入れ、軽く炒めて砂糖で調味する。
3 器に**2**を並べ、**1**のバナナ液を流し入れ、冷蔵庫で冷やす。いただくときにインスタントコーヒーをふる。

つくれぽ 1086人

おいしさしみこむ
ミルクスパゲティ

まろやかでやさしい味わいのスパゲティ。
栄養バランスもよく、ランチにもおすすめ

材料　2人分
牛乳…200㎖
スパゲティ…160g
水…300cc
塩…小さじ½
ほうれん草…150g
サーモン…1切れ
黒こしょう…適量

作り方

1　フライパンに水を沸騰させ、塩を入れ、半分に折ったスパゲティを入れ中火で約5分ゆでる。

2　ほうれん草をきれいに洗い、4㎝長さに切り、サーモンは一口大に切る。

3　1のフライパンに牛乳、サーモンを入れ、スパゲティがアルデンテになる前まで火を通す。

4　水分がなくなってきたら、ほうれん草を入れ、全体に大きく混ぜながら火を通し、軽く塩（分量外）をふって味を調える。

5　器に盛り、黒こしょうをふる。

※本の出版に当たり、レシピ内容を一部修正しております。

\まだまだある!/
おいしい牛乳料理

雪解け鍋

牛乳寒天を雪に見立てました。
溶かしながら、うどんにからめてどうぞ

ミルクガレット

牛乳を入れることで粉っぽさが解消されます。
モチッ、シャキッ、トロリの食感が楽しい

豆腐の揚げミルクだし

コクのあるミルク衣をまとわせた洋風の
揚げだしです。サクッと軽い口当たり

コクうまタンタン麺

材料をしっかり炒めると、うま味が逃げません。
濃厚なスープをお楽しみください

雪解け鍋

材料　作りやすい分量
白菜…3枚
長ねぎ…1本
きのこ（お好みのもの）…1パック
豆腐（木綿）…1丁（300ｇ）
鶏もも肉…1枚（300ｇ）
水…½カップ
寒天（粉末）…4ｇ
牛乳…200ml
しょうゆ・みりん…各大さじ3
うどん（ゆで）…1玉
万能ねぎ（小口切り）…適量

作り方
1 鍋に水½カップを入れて沸かし、寒天を入れ、中火でよく混ぜながら煮溶かす。牛乳を入れ、混ぜ合わせる。
2 火からおろし、氷水を入れたボウルに鍋ごと漬け、粗熱を取り、かたまるまでおく（急ぎの場合は冷蔵庫で冷やす）。
3 白菜は食べやすい大きさに切り、長ねぎは1cm幅の斜め切りにする。きのこは石づきを取り、食べやすい大きさに切る。豆腐は6等分する。鶏肉は一口大に切る。
4 土鍋に水適量（分量外）と3を入れ、しょうゆとみりんで調味する。鶏肉と野菜、豆腐を入れてうどんをのせる。2をのせて（Ⓐ）、万能ねぎをふる（Ⓑ）。火にかけながら、溶かしうどんにからめながら、いただく（Ⓒ）。味が薄いようであれば、塩少々（分量外）で味を調える。

ミルクガレット

材料　作りやすい分量
じゃがいも…1個（100ｇ）
キャベツ…200ｇ
ベーコン…2枚
薄力粉…1カップ
牛乳…200ml
塩…小さじ½
こしょう…適量
チーズ（ピザ用）…40ｇ
オリーブ油…小さじ2
粒マスタード…適量
黒こしょう…適量

作り方
1 キャベツは1cm角弱に切り、ベーコンは1cm幅に切る。
2 ボウルに薄力粉を入れ、牛乳を少しずつ注ぎ入れて、混ぜ合わせる。じゃがいもを皮ごとすりおろし、塩、こしょうをふり、混ぜ合わせる。1とチーズを入れ、ざっくり混ぜる。
3 フライパンを中火で温め、オリーブ油半量をひき、2を半量流し入れる。円形に整えながら両面をこんがり焼く（片面約3〜4分）。同じ要領でもう1枚焼く。
4 一口大に切り、粒マスタードをのせ、黒こしょうをふる。

Ⓐ　　Ⓑ　　Ⓒ

豆腐の揚げミルクだし

材料　作りやすい分量
かぼちゃ…100g
アボカド…1個
豆腐(木綿)…1丁(300g)
A｜牛乳…100mℓ
　｜小麦粉…½カップ
揚げ油…適量
牛乳…200mℓ
B｜塩…少々
　｜みりん…小さじ2
水溶き片栗粉…大さじ1
七味唐辛子…適宜

作り方
1　かぼちゃは1cm幅に切り、アボカドは縦4等分に切り、皮をむく。豆腐は食べやすい大きさに切る。それぞれに小麦粉少々(分量外)を薄くまぶす。
2　ボウルに**A**を入れ、混ぜ合わせる。**1**をさっとくぐらせる。
3　フライパンに揚げ油を中温に温め、**2**を入れ、表面がこんがりするまで揚げ、油をきる。器に盛り、塩少々(分量外)をふる。
4　小鍋に牛乳を入れ、中火で温め、**B**で調味し、水溶き片栗粉でとろみをつけ、**3**にかける。七味唐辛子をふる。

コクうまタンタン麺

材料　作りやすい分量
中華麺…2玉
白菜…200g
もやし…1袋
長ねぎ…4cm長さ
しょうが…1かけ
鶏ひき肉…100g
水…1カップ
牛乳…600mℓ
しょうゆ…大さじ4
塩…小さじ⅓
すりごま…大さじ5
白髪ねぎ…適量
こしょう…各少々
ラー油…大さじ½

作り方
1　白菜の白い部分は繊維に垂直に薄切りにし、葉はざく切りにする。長ねぎとしょうがはみじん切りにする。
2　ボウルにひき肉と**1**の長ねぎ、しょうがを入れ、混ぜ合わせる。
3　鍋に**2**を入れ、中火でひき肉がパラパラになるまで炒め、白菜の白い部分を入れてしんなりするまで炒める。
4　水と白菜の葉、もやしを入れ、ひと煮立ちさせる。牛乳を入れ、しょうゆと塩で調味する。沸騰直前に弱火にし、味をみて薄ければ塩少々(分量外)をふる。火を止めてすりごまを入れ、混ぜ合わせる。
5　別の鍋に湯を沸かし、麺を袋の表示時間通りにゆで、水気をきる。
6　器に**4**を注ぎ入れ、**5**の麺を入れて白髪ねぎをのせ、こしょうをふり、ラー油をかける。

浜内 千波 はまうち ちなみ

1955年徳島県生まれ。大阪成蹊女子短期大学栄養科卒業後、OLを経て岡松料理研究所へ入所。'80年5月、ファミリークッキングスクールを東京・中野坂上に開校。'90年2月に株式会社ファミリークッキングスクールに改め、2005年4月には東中野にスクール及びキッチンスタジオを開設。自身が38キロのダイエットに成功した経験をもつことから、ダイエットメニュー、野菜料理には特に定評がある。著書は『魔法のひとふり やせる！おからパウダー』（オーバーラップ）、『さらに効くワンランクアップレシピ「もち麦で健康！美腸生活」』（三才ブックス）、『ふたりの食卓、いつものおかず 浜内千波の家庭料理』（成美堂出版）など多数。
浜内千波の楽しいキッチンブログ
http://ameblo.jp/hamauchi-chinami/

staff

料理アシスタント／本田祥子、大和沙織
（ファミリークッキングスクール）

カバー・本文デザイン／ohmae-d
撮影／石田健一
スタイリング／カナヤマヒロミ
取材・文／須藤桃子
校正／吉川百合江
企画・編集／時政美由紀（マッチボックス）

おいしい牛乳料理帳

発行　2017年5月25日　初版第一刷発行

著者　浜内千波
発行者　永田勝治
発行所　株式会社オーバーラップ
　　　　〒150-0013
　　　　東京都渋谷区恵比寿1-23-13
印刷・製本　大日本印刷株式会社

©Chinami Hamauchi ／ OVERLAP
Printed in Japan.
ISBN978-4-86554-223-3 C0077

＊本書の内容を無断で複製・複写・放送・データ配信などをすることは、固くお断りいたします。
＊乱丁本・落丁本はお取替えいたします。下記カスタマーサポートセンターまでご連絡ください。
＊定価はカバーに表示してあります。

オーバーラップ　カスタマーサポート
電話：03-6219-0850
受付時間：10：00〜18：00（土日祝日をのぞく）

PC、スマホからWEBアンケートにご協力ください。

サイトへのアクセスの際に発生する通信費等はご負担ください。
http://over-lap.co.jp/865542233